Was <u>wirklich</u> im Grundgesetz steht

Eine Hilfestellung für interessierte Bürger

Michael Winkler

Dem deutschen Volke – aufgezwungen!

M Win

Was <u>wirklich</u> im Grundgesetz steht...

Eine Hilfestellung für interessierte Bürger

von

Michael Winkler

Herstellung und Verlag: Books on Demand GmbH, Norderstedt

Printed in Germany

ISBN 9-783837-008951

Inhalt

Einführung

Lassen Sie mich mit einer kleinen Rechenaufgabe beginnen. Angenommen, ich habe ein Dutzend Goldfische, aber weil die so viel Dreck verursachen, nenne ich sie Schweine. Immerhin fühlen sich diese schwimmenden Schweine wohl und bekommen Nachwuchs, ein halbes Dutzend kleiner zappelnder Wichte. Zwei weitere haben das Jahr nicht überlebt... Und jetzt frage ich Sie, wie viele Schweine habe ich somit?

Richtig, kein einziges! Nur, weil ich sie Schweine nenne, werden aus Goldfischen keine wirklichen Schweine.

Und nur, weil wir ein paar ältere Herrschaften Verfassungsrichter nennen und uns Bundesbürgern ein Verfassungsschutz nachstellt, haben wir noch lange keine Verfassung. Wir haben einen Verfassungsersatz, das Grundgesetz.

Grundgesetze entstehen auf äußeren Druck, um eine Fremdherrschaft zu organisieren. Formell befinden wir uns als Staat auf dem Stand von Hongkong, wo auch ein Grundgesetz die Herrschaft durch die Volksrepublik China organisiert.

Wer uns beherrscht? Weiterhin die Siegermächte des zweiten Weltkriegs, denn die haben im 2+4-Vertrag ihre Sonderrechte festgeschrieben. Die Bundesrepublik des vereinigten Deutschlands ist ein scheinsouveräner Staat, ohne Friedensvertrag, der eine solche Besatzung beenden würde.

Erinnern Sie sich, wie der Schulabbrecher und berufslose Professor hc. Dr. hc. Dr. hc. Fischer dem Weltsicherheitsrat präsidiert hat? Damals, als die USA die Beweise für die Existenz von Massenvernichtungswaffen im Irak gezeigt hat, die selbst nach vier Jahren der Besetzung nicht gefunden worden sind?

Diesem „Joschka“ ist seinerzeit nichts Besseres eingefallen, als für die BRdvD einen ständigen Sitz im Weltsicherheitsrat zu „fordern“. Unsere derzeitige Bundeskanzlerin greift das natürlich gerne auf. Dabei wird in der Charta der UNO unser Land immer noch als „Feindstaat“ geführt, also dem Lager des Bösen zugerechnet, das bekämpft und unterdrückt werden muß.

So steht im Artikel 53 Absatz 2 der UN-Charta:

Der Ausdruck "Feindstaat" in Absatz 1 bezeichnet jeden Staat, der während des Zweiten Weltkriegs Feind eines Unterzeichners dieser Charta war.

Das heißt nichts anderes, als daß die Verhältnisse von 1944 fortgeschrieben werden. Oder haben Sie gedacht, nur weil die BRD inzwischen diese Charta unterschrieben hat, würden die Feinde von damals jetzt ebenfalls zu Feindstaaten?

Was gegen solche „Feindstaaten" unternommen werden darf, steht im Absatz 1 dieses Artikels:

Der Sicherheitsrat nimmt gegebenenfalls diese regionalen Abmachungen oder Einrichtungen zur Durchführung von Zwangsmaßnahmen unter seiner Autorität in Anspruch.

Ohne Ermächtigung des Sicherheitsrats dürfen Zwangsmaßnahmen auf Grund regionaler Abmachungen oder seitens regionaler Einrichtungen nicht ergriffen werden; ausgenommen sind Maßnahmen gegen einen Feindstaat im Sinne des Absatzes 2, soweit sie in Artikel 107 oder in regionalen, gegen die Wiederaufnahme der Angriffspolitik eines solchen Staates gerichteten Abmachungen vorgesehen sind; die Ausnahme gilt, bis der Organisation auf Ersuchen der beteiligten Regierungen die Aufgabe zugewiesen wird, neue Angriffe eines solchen Staates zu verhüten.

Schauen wir noch in den Artikel 107 der UN-Charta:

Maßnahmen, welche die hierfür verantwortlichen Regierungen als Folge des Zweiten Weltkriegs in bezug auf einen Staat ergreifen oder genehmigen, der während dieses Krieges Feind eines Unterzeichnerstaats dieser Charta war, werden durch diese Charta weder außer Kraft gesetzt noch untersagt.

Nach diesen Regelungen dürfen ohne Genehmigung des Weltsicherheitsrates ohne Einspruch der UNO Zwangsmaßnahmen gegen Deutschland und Japan ergriffen werden. Außerdem sind sämtliche Regelungen des Besatzungsrechts von der UNO abgesegnet. Sie sind noch immer gültig, denn die UNO setzt sie explizit nicht außer Kraft.

Gut, ein Herr Prof. Dr. Dr. Fischer weiß so etwas nicht, da hätte er in der Schule aufpassen müssen. Frau Dr. Merkel hatte das in der FDJ-Kaderausbildung bestimmt auch nicht gehört. Die Regierungsbeamten sollten es aber wissen. Laut der offiziellen Sprachregelung sind die Feindstaatenklauseln mittlerweile „obsolet".

Übrigens, Ihr Schuldschein in meinem Tresor ist natürlich auch obsolet, den behalte ich nur als liebgewordenes Andenken. Zumindest, solange Sie brav das tun, was ich von Ihnen verlange. Ansonsten muß ich diesen noch immer existierenden und wohlverwahrten Schuldschein leider vollstrecken lassen.

Nebenbei, die bösen Feindstaaten Deutschland und Japan gehören zu den Hauptbeitragszahlern der UNO. Und im Gegensatz zu den USA überweisen sie diese Beiträge pünktlich. Trotzdem haben unsere amerikanischen, britischen und französischen Freunde jederzeit das Recht, beispielsweise das VW-Werk zu demontieren, als Reparation für den 2. Weltkrieg. Mit dem Segen der UNO, nach internationalem Recht.

Die Charta zu ändern, diese Klauseln zu streichen, erfordert eine einzige Sitzung und eine einzige Abstimmung. Dabei gibt es keine Animositäten wie bei einem Sitz im Weltsicherheitsrat. Es bedürfte nur ein wenig Diplomatie...

Aber wie es aussieht, mehr Diplomatie, als ein Hans-Dietrich Genscher, ein Klaus Kinkel, ein Joschka Fischer oder ein Frank-Walter Steinmeier vorweisen konnten oder können.

Internationale Verträge mit unseren ach so lieben Freunden enthalten Überraschungen und unser Verfassungsersatz Grundgesetz enthält noch viel mehr davon. Deutschland hat dieses Grundgesetz, weil es eben kein souveräner Staat ist, der eine wirkliche und als solche bezeichnete Verfassung haben müßte.

Aber es gibt noch einen Grund, warum Deutschland keine Verfassung besitzt: Über die Verfassung müßte vom Volk abgestimmt werden. Das aber hieße, daß ein paar Leute anfangen, in dieser Verfassung zu blättern und darin Dinge entdecken, von denen unsere Politiker nicht möchten, daß sie allzu bekannt werden.

Deshalb durfte in Deutschland das Volk nicht über die EU-Verfassung abstimmen. Diese wurde in einem Staat, der sich freiheitlich und demokratisch nennt, durch einen Obrigkeitsbeschluß unter völliger Mißachtung des Volkswillens genehmigt – gemäß jenen Bestimmungen, die im Grundgesetz stehen.

Deshalb sollten wir uns das Grundgesetz ganz genau anschauen. Und eben das werde ich auf den folgenden Seiten tun.

Ich möchte gleich vorausschicken, daß ich nicht vorhabe, Sie mit allen Artikeln und deren Absätzen zu belästigen. Mir geht es um die interessanten Teile, nicht um hochwichtige Banalitäten wie den Artikel 22, der ganz kurz festlegt, daß die Bundesflagge schwarz-rot-gold zu sein habe.

Interessiert Sie der ganze Text, dann schauen Sie im Internet nach, oder in Ihrer Buchhandlung. Außerdem ist dies kein juristischer Kommentar, Sie dürfen also nicht hoffen, daß ein Gericht eine Argumentation nach diesem Buch anerkennen wird.

*

Wo im Folgenden wörtlich aus dem Grundgesetz zitiert wird, stehen keine Anführungszeichen, sondern es wird zur Hervorhebung ***diese Schriftart*** verwendet.

Eine Verfassung?

Leider muß ich in diesem Buch immer wieder den Text des Grundgesetzes sprechen lassen. Aber keine Sorge, ich werde trotzdem alles tun, um die trockene Juristensprache zu vermeiden.

Wie sehr sich unser Grundgesetz seit seinem Bestehen verändert hat, erkennt man am schnellsten, wenn man die Präambel in der Urfassung liest. Diese dient als eine Art Einleitung, zur Bekanntgabe des Anspruches, dem der folgende Text genügen soll.

1949 las diese sich so:

Im Bewußtsein seiner Verantwortung vor Gott und den Menschen, von dem Willen beseelt, seine nationale und staatliche Einheit zu wahren und als gleichberechtigtes Glied in einem vereinten Europa dem Frieden der Welt zu dienen, hat das Deutsche Volk in den Ländern Baden, Bayern, Bremen, Hamburg, Hessen, Niedersachsen, Nordrhein-Westfalen, Rheinland-Pfalz, Schleswig-Holstein, Württemberg-Baden und Württemberg-Hohenzollern, um dem staatlichen Leben für eine Übergangszeit eine neue Ordnung zu geben, kraft seiner verfassunggebenden Gewalt dieses Grundgesetz der Bundesrepublik Deutschland beschlossen.

Es hat auch für jene Deutsche gehandelt, denen mitzuwirken versagt war.

Das gesamte Deutsche Volk bleibt aufgefordert, in freier Selbstbestimmung die Einheit und Freiheit Deutschlands zu vollenden.

Diese alte Präambel enthält einen ganz wichtigen Teilsatz, der ganz genau anzeigt, was hier vom parlamentarischen Rat beschlossen worden ist: ein Provisorium!

„...um dem staatlichen Leben für eine Übergangszeit eine neue Ordnung zu geben...“

Für eine Übergangszeit! Also als Ersatz für eine richtige, eine dauerhafte Verfassung. Ganz davon abgesehen hat dieses Grundgesetz nicht das Deutsche Volk beschlossen, sondern es wurde vom Parlamentarischen Rat erlassen und anschließend von den Parlamenten der Bundesländer bestätigt.

Außer von Bayern, natürlich. Bayern als souveräne europäische Großmacht hat erst einmal abgelehnt und ist dann ein paar Tage später beigetreten.

Das Grundgesetz besaß – und besitzt auch heute noch – ein eingebautes Verfallsdatum im Artikel 146:

Dieses Grundgesetz verliert seine Gültigkeit an dem Tage, an dem eine Verfassung in Kraft tritt, die von dem deutschen Volke in freier Entscheidung beschlossen worden ist.

Der Verfassungsersatz soll also irgendwann einmal durch eine Verfassung ersetzt werden, die das deutsche Volk in freier Entscheidung beschließen wird.

Das deutsche Volk? Sie und ich, in Form einer Volksabstimmung? Oder sollten das wieder irgendwelche Vertreter für uns übernehmen, die darin ihre eigenen Interessen verwirklichen?

Der Parlamentarische Rat wurde nicht vom Volk gewählt, es waren Vertreter der Länder gewesen, die von den westlichen Besatzungsmächten USA, Großbritannien und Frankreich einberufen worden sind. Das mögen brave, integere Leute gewesen sein, aber trotzdem hatten sie ein paar Eigenschaften, die sie aus der Masse des Volkes herausheben:

1. Es handelte sich um Fachleute, die im öffentlichen Leben in Erscheinung getreten waren. Es schadet natürlich nicht, daß damals Fachleute ausgewählt wurden und keine Parteifunktionäre, aber man sollte durchaus berücksichtigen, daß hier nicht der berühmte Otto Normal seine Vorstellungen eingebracht hat, sondern eine Elite.

2. Die Mitglieder des Parlamentarischen Rates mußten alle den Besatzungsmächten genehm sein. Das heißt, es waren Personen, von denen erwartet werden durfte, daß sie deutsche Interessen

mit denen der Besatzer vereinbaren können – und im Zweifelsfall wissen, was von beiden Vorrang hat.

Carlo Schmid, selbst Mitglied des Parlamentarischen Rates, nannte die so entstehende BRD folgerichtig „OMF“, die Organisationsform einer Modalität der Fremdbeherrschung. Aber das ist natürlich lange her, heute sind wir schließlich ein souveräner Staat mit einer eigenen Ver...

Nein, immer noch mit dem OMF-Grundgesetz. Allerdings hat sich die Präambel ein wenig verändert:

Im Bewußtsein seiner Verantwortung vor Gott und den Menschen, von dem Willen beseelt, als gleichberechtigtes Glied in einem vereinten Europa dem Frieden der Welt zu dienen, hat sich das Deutsche Volk kraft seiner verfassungsgebenden Gewalt dieses Grundgesetz gegeben.

Die Deutschen in den Ländern Baden-Württemberg, Bayern, Berlin, Brandenburg, Bremen, Hamburg, Hessen, Mecklenburg-Vorpommern, Niedersachsen, Nordrhein-Westfalen, Rheinland-Pfalz, Saarland, Sachsen, Sachsen-Anhalt, Schleswig-Holstein und Thüringen haben in freier Selbstbestimmung die Einheit und Freiheit Deutschlands vollendet. Damit gilt dieses Grundgesetz für das gesamte Deutsche Volk.

Es sind ein paar Länder mehr geworden und selbst Bayern erlaubt sich keine Extrawurst mehr. Was allerdings immer noch darin steht, ist das „Deutsche Volk“, das sich dieses Grundgesetz „kraft seiner verfassungsgebenden Gewalt“ gegeben haben soll.

Dieses Volk hätte also die Möglichkeit und sogar die „Gewalt“, sich eine Verfassung zu geben, beläßt es aber bei dem Provisorium eines Grundgesetzes. Außerdem sollen irgendwelche Deutschen, die in den aufgeführten Ländern leben, in freier Selbstbestimmung die Einheit Deutschlands vollendet haben.

Welche Deutschen? Sie oder ich? Natürlich nicht. Diesmal waren es ein paar Parteifunktionäre, die sich selbst beauftragt haben, dieses Grundgesetz für das gesamte Deutsche Volk verbindlich zu erklären.

Trotz allem ist dieses Grundgesetz noch immer ein Provisorium, wie im Artikel 146 noch immer erklärt wird:

Dieses Grundgesetz, das nach Vollendung der Einheit und Freiheit Deutschlands für das gesamte deutsche Volk gilt, verliert seine Gültigkeit an dem Tage, an dem eine Verfassung in Kraft tritt, die von dem deutschen Volke in freier Entscheidung beschlossen worden ist.

Das heißt, das Grundgesetz ist solange gültig, bis es von einer Verfassung abgelöst wird.

Nach wie vor haben wir in Deutschland keine wirkliche Verfassung, sondern nur jenen Verfassungsersatz, der in fremdverwalteten Gebieten üblich ist. Die „souveräne“ Bundesrepublik Deutschland, die (noch) drittstärkste Volkswirtschaft der Erde und der langjährige Exportweltmeister, steht vom Selbstverständnis ihrer „Verfassung“ auf einer Stufe mit dem von Rotchina eingemeindeten Hongkong.

Das glauben Sie nicht? Unsere hochbezahlten und noch besser berenteten Bundestagsabgeordneten könnten das mit 2/3-Mehrheit ändern, wie sie es schon oft genug praktiziert haben, im Namen des Volkes, natürlich.

Es sei denn, sie dürfen es nicht, so wie ihre Kollegen im fremdbeherrschten Hongkong.

Gleichheit vor dem Gesetz

Dies wird als ein großer Fortschritt für die Menschheit ausgegeben und ist eigentlich selbstverständlich: Wenn Sie einen Gesetzesverstoß begehen, werden Sie genauso behandelt, wie ich, wenn ich den gleichen Gesetzesverstoß begehe.

Gut, wenn ich natürlich ein stadtbekannter Schläger bin, der ständig Hunde, Kinder und Rentnerinnen verprügelt und dafür schon 23 Vorstrafen im Register stehen hat, ist das Gericht beim Strafmaß weitaus großzügiger, als wenn Ihnen das erste Mal die Faust ausgerutscht ist. Das betrifft nicht die Gleichheit vor dem Gesetz, sondern die Unbelehrbarkeit des Angeklagten.

Artikel 3 Absatz 3 führt sogar aus, was in diese Gleichheit fällt:

Niemand darf wegen seines Geschlechtes, seiner Abstammung, seiner Rasse, seiner Sprache, seiner Heimat und Herkunft, seines Glaubens, seiner religiösen oder politischen Anschauungen benachteiligt oder bevorzugt werden. Niemand darf wegen seiner Behinderung benachteiligt werden.

Alles ist gut, oder?

Nur steht da nichts von „wegen seines Geldes“. Das Grundgesetz hat nichts dagegen einzuwenden, daß jemand wegen seines umfangreichen Besitzes bevorzugt bzw. mangels dessen benachteiligt wird. Beim Milliardär sitzen drei Spitzenanwälte in der Verteidigung, die mit Feuereifer die Anklage zerpflücken, beim Sozialhilfeempfänger ein Pflichtverteidiger, der in Gedanken schon seinen viel einträglicheren nächsten Fall bearbeitet.

Das Grundgesetz ist auch damit einverstanden, daß Prominente besser wegkommen. „wegen seiner Bekanntheit“ darf jemand bevorzugt werden, denn es ist ja nicht verboten. Und da sich die BRD als „liberale Demokratie“ versteht, ist alles erlaubt, was nicht explizit verboten wurde.

Wundern Sie sich also nicht, wenn ein Politiker oder ein Fußballspieler wegen Alkohol am Steuer ganz milde bestraft werden und Sie für die gleiche Straftat deutlich härter. Das ist mit dem Grundgesetz vollkommen vereinbar.

Nur werden leider sogar die Gründe, die explizit in Artikel 3 stehen, in der Praxis längst anders gehandhabt. Sollten Sie einen Mitbürger anderer Hautfarbe durch Ihre Handlungen, Ihren Gesichtsausdruck oder Ihre bloße Anwesenheit zu körperlicher Gewalt provoziert haben, ist es besser für Sie, sich das zufällig mitgeführte Kampfmesser dieses Mitbürgers in den Leib rammen zu lassen, als sich in vermeintlicher Notwehr zu verteidigen.

Der nicht ganz so hellhäutige Mitbürger ist in der BRD immer das Opfer und Sie ein fremdenfeindlicher rechtsradikaler Gewalttäter. Das steht so dreispaltig in der Tageszeitung, die ansonsten der „Kneipenschlägerei" nur einen winzigen Absatz widmen würde. Und genau in diese Richtung ermittelt auch der Generalbundesanwalt, der bei so einem Staatsverbrechen ganz selbstverständlich das Verfahren an sich zieht.

Den Begriff „Rasse" streichen Sie besser aus Ihrem Wortschatz, zumindest wenn es nicht um Hunde oder Pferde geht. „Menschenrassen" gibt es zwar noch im Grundgesetz, aber schon allein der Begriff ist purer Rassismus und deshalb höchst verpönt. Ihn zu benutzen, ist deshalb nicht mehr politisch korrekt.

Auch das mit den politischen Anschauungen ist nicht so ernst gemeint. Da wird inzwischen genau zwischen „antifaschistisch" und „rechtsextrem" unterschieden. Als Antifaschist sind Sie automatisch Demokrat und dürfen sogar am 20. April ungestört demonstrieren, vor allem gegen den Faschismus. Als Demokrat sind Sie ganz selbstverständlich koalitionsfähig, man setzt sich mit Ihnen an den Tisch und läßt Sie im Fernsehen ausreden.

Als Rechtsextremer dürfen Sie nicht einmal die Parolen nachsprechen, die Ihnen von den diversen V-Leuten verschiedener staatlicher Stellen vorgegeben werden. Außerdem ist Ihre politische Anschauung grundsätzlich strafverschärfend. Und sollten die „Antifaschisten" es tatsächlich einmal versäumen, eine Ihrer „Kundgebungen" in fünffacher Überzahl zu stören, schneidet der Fernsehreporter einfach ein paar Archivbilder in die Berichterstattung, von um sich prügelnden polnischen Glatzköpfen, die niemals auch nur in die Nähe des Versammlungsorts gekommen sind, aber einen guten Aufhänger abgeben, um den Zuschauern zu zeigen, wie verwerflich Ihre politischen Ziele doch sind.

Ausländische Schlägertrupps dürfen ja nicht wegen ihrer Heimat und Abstammung benachteiligt werden, also haben sie jedes Recht, vom Fernsehen als deutsche Neonazis ausgegeben zu werden.

Ihre Weltanschauung steht Ihnen völlig frei, soweit diese sich an der freiheitlichen und demokratischen Grundordnung orientiert. Wobei natürlich nicht SIE definieren, was Freiheit und was Demokratie ist, auch nicht das Grundgesetz, sondern die gängige Rechtspraxis. Also spielen Sie nicht mit den Schmuddelkindern, sondern gehen Sie jubeln, wenn ein hochrangiger Politiker auftritt, dann sind Sie vor dem Gesetz völlig gleich und werden nicht benachteiligt.

Freiheit ist sowieso nur Sklaverei, deshalb ist Unwissenheit Stärke. Und Krieg gegen (Grundordnungs-)Feinde ist Friede. Das steht nicht im Grundgesetz, sondern bei George Orwell. Der ist schon tot und wenn Sie wollen, dürfen Sie sogar seine Bücher öffentlich verbrennen.

Verbrennen dürfen Sie auch das Grundgesetz, da hat niemand etwas dagegen. Es gibt aber Bücher, die Sie keinesfalls verbrennen dürfen, schon gar nicht öffentlich, auch wenn Sie diese ganz legal gekauft und vollständig bezahlt haben. Denn vor dem Gesetz sind nicht einmal die Bücher gleich, geschweige denn die Menschen.

Freiheit des Glaubens

Dafür gibt es die Fremdwörter „Laizismus“ und „säkularer Staat“. Das besagt nichts weiter, als daß es keine Staatsreligion mehr gibt und jeder glauben darf, was er möchte.

Und damit wir das auch wirklich glauben, gibt es im Grundgesetz den Artikel 4:

(1) Die Freiheit des Glaubens, des Gewissens und die Freiheit des religiösen und weltanschaulichen Bekenntnisses sind unverletzlich.

(2) Die ungestörte Religionsausübung wird gewährleistet.

Das heißt, laut Grundgesetz dürfen Sie Ihren Glauben ungestört ausleben. Was in der Praxis bedeutet, daß Kreuze in Schulen abgehängt werden müssen, sobald atheistische Eltern das verlangen.

Es heißt auch, daß Sie den Pfarrer jenes Dorfes, in das Sie kürzlich eingezogen sind, darauf verklagen dürfen, mit seiner 500 Jahre alten Dorfkirche gefälligst nicht mehr zu ruhestörenden Tageszeiten zu bimmeln. Und schon gar nicht am Sonntag vormittag, wo Sie in Ruhe ausschlafen möchten.

Wenn eine junge Muslima in einen katholischen Kindergarten aufgenommen wird, dann sollten die dortigen Nonnen gefälligst provozierenden Kutten ablegen, das Beten unterlassen und wie alle anderen Mädchen künftig züchtige Kopftücher tragen. Und sollte der Kindergarten versuchen, die junge Dame wieder loszuwerden, ist das Diskriminierung und wird von keinem Gericht dieser Republik geduldet.

Aber solange Sie in ihrer eigenen Wohnung weder die Nachbarn noch die Umwelt belästigen, dürfen Sie Ihren Rosenkranz beten oder sich fünfmal am Tag Richtung Mekka verneigen. Das garantiert das Grundgesetz.

Es gibt allerdings eine Sache, da ist der Staat weder laizistisch noch säkular, da geht es um eine Glaubenswahrheit, die nicht bezweifelt werden darf. Die Hohepriester dieses Glaubens verbreiten ihre Dogmen über alle Medien und errichten an allen

Stellen Weihestätten dieses Glaubens. Jeder Widerspruch ist offenkundige Häresie und wird ungefähr so toleriert, wie es die katholische Kirche im Mittelalter getan hat.

Es ist der Glaube an den Holocaust, an die unsäglichen, unerreicht grausamen und durch nichts zu rechtfertigenden Verbrechen des deutschen Volkes. Jeder Versuch der Entschuldigung ist eine strafbedrohte Relativierung und wird öffentlich auf dem Scheiterhaufen des Medienkartells geahndet.

Im Mittelalter wurden Sie kraft kirchlichen Dogmas mit jener Erbsünde geboren, die zwei Ihnen völlig unbekannte Personen namens Adam und Eva vor undenklichen Zeiten an einem Ort begangen haben, den Sie nie in Ihrem Leben betreten werden.

Nur durch strikte Befolgung der Kirchenlehren konnten Sie Ihre unsägliche Erbschuld ein wenig abtragen – und durch fleißige Zahlungen an diverse Kirchenkassen und Opferstöcke.

Die heutige Erbsünde aller Deutschen haben Ihnen völlig unbekannte Leute, mit denen Sie weder verwandt noch verschwägert sind, mehr oder weniger lange vor Ihrer Geburt an einem Ort namens Auschwitz begangen, zu dem Sie heute jederzeit eine Wallfahrt unternehmen können.

Nur durch konsequentes Nachbeten der Dogmen der neuen Kirche können Sie diese unsägliche Erbschuld ein wenig lindern – und durch fleißige Zahlungen für Israel und die nächstgelegene Holocaust-Gedenkstätte oder -Ausstellung.

Das ist übrigens eine uralte Praxis. Wenn Sie im alten Rom hin und wieder öffentlich den Kaiser angebetet haben, dann durften Sie privat alle Götter verehren, die Ihnen brauchbar erschienen sind. Genau das garantiert Ihnen das Grundgesetz auch heute noch.

Wenn Sie in Rom allerdings unbedingt und ausschließlich den Christengott anbeten wollten, mußten Sie sich eben in den Katakomben verstecken – oder Sie wurden zwecks öffentlicher Hinrichtung in die nächstgelegene Arena eingeladen.

Meinungsfreiheit

Wenn unsere Kanzler oder Kanzlerinnen nach Rußland oder China fahren, dann reden sie dort hauptsächlich über Wirtschaftsbeziehungen oder bewerben sich für einen gutdotierten, arbeitsarmen Posten für die Zeit nach der Kanzlerschaft. In der Öffentlichkeit versichern sie jedoch glaubhaft, auch das Thema der Menschenrechte angesprochen zu haben.

Wobei in diesen Fällen hauptsächlich ein ganz bestimmtes Menschenrecht gemeint ist, das Recht auf freie Meinungsäußerung. Warum dieses Recht so wichtig ist, hat der amerikanische Präsident Ronald Reagan im Juni 1988 den Menschen „im Reich des Bösen“ erklärt:

„Ich hoffe inbrünstig für Sie, daß bald der Tag kommen wird, an dem niemand mehr das Gefängnis fürchten muß wegen eines Deliktes, bei dem es um nicht mehr geht als um das gesprochene oder geschriebene Wort.“

Da wir hier in Deutschland seit 1949 (in der Ex-DDR erst seit 1990) laut offizieller Lehre nicht mehr zum Reich des Bösen gehören, ist unsere Meinungsfreiheit natürlich im Grundgesetz verankert, in Artikel 5:

(1) Jeder hat das Recht, seine Meinung in Wort, Schrift und Bild frei zu äußern und zu verbreiten und sich aus allgemein zugänglichen Quellen ungehindert zu unterrichten. Die Pressefreiheit und die Freiheit der Berichterstattung durch Rundfunk und Film werden gewährleistet. Eine Zensur findet nicht statt.

(2) Diese Rechte finden ihre Schranken in den Vorschriften der allgemeinen Gesetze, den gesetzlichen Bestimmungen zum Schutze der Jugend und in dem Recht der persönlichen Ehre.

(3) Kunst und Wissenschaft, Forschung und Lehre sind frei. Die Freiheit der Lehre entbindet nicht von der Treue zur Verfassung.

Was im ersten Absatz steht, ist das, was ein Ronald Reagan sich gewünscht hat, im Beisein und mit billigendem Nicken aller Polit-Größen der alten BRD.

Absatz 2 hingegen enthält bedenkliche Einschränkungen. Den Punkt der persönlichen Ehre kann ich noch nachvollziehen. „Herr Präsident, mit Verlaub, Sie sind ein Arschloch", darf man vielleicht als Politik-Prolet sagen (wo man sich durch diese diplomatische Äußerung zusätzlich als Außenminister qualifiziert), aber Sie sollten Ihre Mitmenschen höflicher behandeln.

Bedenklicher sind die beiden anderen Einschränkungen. Das vom Grundgesetz garantierte Recht auf freie Meinungsäußerung kann durch ein einfaches Bundes- oder Landesgesetz jederzeit eingeschränkt oder aufgehoben werden.

Die „gesetzlichen Bestimmungen zum Schutze der Jugend" sind dabei noch harmlos. Sie regeln im Wesentlichen, daß man 12 Jahre alt sein muß, um in Kinofilme gehen zu dürfen, bei denen auf der Leinwand hin und wieder vorgeführt wird, wie man Menschen umbringt. Mit 16 darf man dann in Filme, in denen die Guten (also die Amerikaner) die Bevölkerung einer mittleren Kleinstadt an Bösen (also Nicht-Amerikanern) hinmetzeln. Und mit 18 darf man endlich in Filme, in denen vorgeführt wird, wie die hinzumetzelnden Menschen nachproduziert werden.

Die „allgemeinen Gesetze" schränken da schon deutlich mehr ein.

Wenn der Bundestag mit einfacher Mehrheit beschließt, daß die Verwendung der Begriffe „Gammelfleisch" oder „Gebühren-Erpressungs-Zentrale" ab sofort strafbewehrt sind, dann ist das so. Sie haben diese Worte umgehend aus Ihrem Wortschatz zu streichen, Ihre Meinung entsprechend zu ändern und als guter Staatsbürger jeden nicht ganz so guten Staatsbürger anzuzeigen, der weiterhin solche Meinungsvergehen begeht.

Die Einschränkung der Meinungsfreiheit wird beispielsweise im §130 Strafgesetzbuch geregelt. Natürlich spricht dieser Paragraph nicht von Meinungszensur, denn da hätten ja unsere Kanzler und Kanzlerinnen nichts mehr, was sie ihren künftigen russischen oder chinesischen Arbeitgebern pressewirksam vorhalten können, sondern von Volksverhetzung.

Volksverhetzend ist es derzeit, nicht an die Opferstätten des großen Gottes Holocaust zu glauben, nur weil nirgendwo eine benutzte Gaskammer erhalten geblieben ist. Volksverhetzend ist es sogar, eine naturwissenschaftliche Beweisführung gegen das Offenkundige anzutreten, sei es die Berechnung der Kapazitäten von Krematorien, seien es Spekulationen über die Giftigkeit von Insektenvernichtungsmitteln oder Berechnungen der Zeit, in der Menschen in einen Raum getrieben oder Leichen herausgeholt werden können.

Nach diesem Gesetz werden unliebsame Bücher verbrannt und Menschen ins Gefängnis geworfen, selbst wenn man sie zuvor gegen ihren Willen aus dem Ausland zurückholen muß. Ob Kanada oder Reagans USA, deutsche Volksverhetzer werden jederzeit ausgeliefert. Im Gegensatz zu russischen oder chinesischen Dissidenten.

Aber in Rußland und China sind die Menschenrechte ja bedroht, im Gegensatz zur BRD. Denn in unserem schönen Rechtsstaat erwartet solch üble Volksverhetzer ein absolut fairer Hexenprozeß, bei dem das Urteil schon bei Verfahrenseröffnung feststeht. Aber keine Sorge, bei uns gibt es für Meinungsverbrechen derzeit höchstens fünf Jahre Gefängnis, nicht zwanzig Jahre Arbeitslager oder Tod auf dem Scheiterhaufen. Soweit sind wir wenigstens schon.

Und Ronald Reagan? Der ist tot. Deshalb wird der §130 auch seit 1995 immer weiter verschärft.

Rosa Luxemburg ist auch tot, die hat damals gesagt, daß Freiheit immer nur die Freiheit des Andersdenkenden ist. In diesem Deutschland haben Sie jedoch längst nicht die Freiheit, in den vom Staat festgelegten Punkten anders zu denken. Und wenn Sie es doch tun, wird diese Freiheit bei Bedarf ganz schnell noch weiter eingeschränkt.

Das läßt unsere freiheitlich-demokratische Grundordnung ausdrücklich zu, das steht so im Grundgesetz.

Ist wenigstens der dritte Absatz harmlos?

Die Freiheit der Lehre entbindet nicht von der Treue zur Verfassung.

Zur Verfassung? Also zum Verfassungsersatz, natürlich. Jetzt sollten wir nur noch wissen, was diese Treue zur Verfassung bedeutet.

Ein DDR-Grenzschützer, der einen Republikflüchtling erschießt, hat ganz sicher aus Treue zur DDR-Verfassung gehandelt. Treue zur Verfassung heißt, denken wie es der Staat vorschreibt: Propagieren der Demokratie als beste aller Regierungsformen, das Hohelied der Freiheit singen, soweit sie uns das Grundgesetz zugesteht und bei Bedarf mit allen Mitteln für das Existenzrecht Israels eintreten, das unsere derzeitige Kanzlerin zum Daseinszweck unseres Staates erkoren hat.

Gelehrt werden darf also nur, was in Einklang mit den Lehren der heiligen Inquisition steht. Oder eben der Verfassung.

Gesetzlich beschränkte Grundrechte

Was bei der Meinungsfreiheit so gut funktioniert, die Einschränkung durch einfache Gesetze, wird auch bei anderen Grundrechten praktiziert.

Das Grundgesetz sollten Sie betrachten wie die Bibel, in der ja auch steht, man solle seine Feinde lieben und nicht bei passender Gelegenheit schleunigst umbringen. Das hat natürlich keinen einzigen der allerchristlichsten Könige jemals davon abgehalten, über seine Feinde herzuhalten. Selbst Truppen, die sich ausdrücklich „evangelisch“, also bibeltreu genannt haben, hielten diese Gebote derart hoch, daß sie den mörderischen Alltag nie gestört haben.

Dazu paßt natürlich, daß „God's own country“, das sogar auf seine Münzen prägt und seine Geldscheine druckt „In God we trust“, seit seiner Entstehung durch die blutige Hand glaubenstreuer Christen praktisch ununterbrochen Kriege führt und im Umgang mit dem Rest der Welt mit den Bombenflugzeugen der US-Air Force lieber Gott spielt, als auf selbigen zu vertrauen.

Damit die einfachen Leute in früheren Zeiten nicht auf den Gedanken kamen, einmal selbst in der Bibel nachzusehen, was der liebe Gott von ihnen möchte, war in einer Zeit, in der kaum jemand lesen konnte, sogar der Besitz einer Bibel für die niederen Stände bei Todesstrafe verboten. Was die Untertanen über die göttlichen Gebote wissen sollten, wurde ihnen damals vom willfährigen Klerus nach Bedarf der Herrscher mitgeteilt. Das waren rein zufällig immer solche Texte, die genau das als Gottes Willen deklarierten, was die Obrigkeit als göttlichen Willen darstellen wollte.

Im heutigen Deutschland dürfen Sie zwar ungestraft ein Grundgesetz besitzen, man hat Ihnen sogar beigebracht zu lesen. Was darin steht, wird Ihnen aber gerne von willfährigen Juristen nach Bedarf der Herrscher ausgelegt.

Damit Sie sich nicht selbst um zuviel Verständnis bemühen, ist es in Deutschland eine verbreitete „Verfassungs“-Praxis, die hehren Rechte des geheiligten Grundgesetzes im Alltag durch jederzeit zu erlassende Gesetze aus den Niederungen der Parlamentsarbeit einzuschränken.

So steht im Artikel 8, der die Versammlungs- und Demonstrationsfreiheit garantiert:

(1) Alle Deutschen haben das Recht, sich ohne Anmeldung oder Erlaubnis friedlich und ohne Waffen zu versammeln.

(2) Für Versammlungen unter freiem Himmel kann dieses Recht durch Gesetz oder auf Grund eines Gesetzes beschränkt werden.

Sie dürfen sich also ohne Anmeldung versammeln, es sei denn, Sie tun es unter freiem Himmel. Eine solche Demonstration müssen Sie anmelden und sich genehmigen lassen, das ist nun mal so. Ein einfaches Gesetz, und schon ist jedes Ordnungsamt einer Kleinstadt berechtigt, das Grundrecht auf Versammlungsfreiheit einzuschränken. Und weil das Ordnungsamt dem Bürgermeister untersteht, kann demnach jeder Dorfschulze Versammlungen verbieten lassen.

Aber immerhin brauchen Sie Ihre Geburtstagsfeier nicht anzumelden, selbst wenn Ihre Verwandtschaft in Bataillonsstärke anrückt. Zur Sicherheit mieten Sie ein Bierzelt, dann betrinken die sich nicht unter freiem Himmel.

Immerhin, Sie haben bei solchen Versammlungen dann das Hausrecht. Unter freiem Himmel können Sie den Herren in Grün (oder im neumodischen Blau) nicht verbieten, bei Ihrer Volksrede eifrig Photos zu schießen, Videos mitzuschneiden oder altmodisch mitzuprotokollieren. Bei einer inhäusigen Veranstaltung brauchen diese Mitmenschen einen Gerichtsbeschluß, aber den bekommen sie ganz leicht. Denn – richtig, siehe Artikel 13. Ursprünglich war der ja noch zahm:

(1) Die Wohnung ist unverletzlich.

(2) Durchsuchungen dürfen nur durch den Richter, bei Gefahr im Verzuge auch durch die in den Gesetzen vorgesehenen anderen Organe angeordnet und nur in der dort vorgeschriebenen Form durchgeführt werden.

(3) Eingriffe und Beschränkungen dürfen im übrigen nur zur Abwehr einer gemeinen Gefahr oder einer Lebensgefahr für einzelne Personen, auf Grund eines Gesetzes auch zur Verhütung dringender Gefahren für die öffentliche Sicherheit und Ordnung, insbesondere zur Behebung der Raumnot, zur Bekämpfung von Seuchengefahr oder zum Schutze gefährdeter Jugendlicher vorgenommen werden.

Die ach so unverletzliche Wohnung durfte schon 1949 auf richterlichen Beschluß aufgebrochen und ausgeräumt werden. Und bei Bedarf genügt ein Ermächtigungsgesetz, das es in das Ermessen eines Feld-, Wald- und Wiesengendarms stellt, ob Gefahr im Verzug ist und damit aus einem Raubüberfall eine legale Amtshandlung wird.

Gut, den Absatz 3 schulden wir unseren amerikanischen und britischen Freunden, die mit ihren überreichen Bombengaben dafür gesorgt haben, daß 1949 der Wohnraum in Deutschland ziemlich eingeschränkt gewesen war.

Heute ist der Artikel 13 gewaltig angewachsen:

(1) Die Wohnung ist unverletzlich.

(2) Durchsuchungen dürfen nur durch den Richter, bei Gefahr im Verzuge auch durch die in den Gesetzen vorgesehenen anderen Organe angeordnet und nur in der dort vorgeschriebenen Form durchgeführt werden.

(3) Begründen bestimmte Tatsachen den Verdacht, daß jemand eine durch Gesetz einzeln bestimmte besonders schwere Straftat begangen hat, so dürfen zur Verfolgung der Tat auf Grund richterlicher Anordnung technische Mittel zur akustischen Überwachung von Wohnungen, in denen der Beschuldigte sich vermutlich aufhält, eingesetzt werden, wenn die Erforschung des Sachverhalts auf andere Weise unverhältnismäßig erschwert oder aussichtslos wäre. Die Maßnahme ist zu befristen. Die Anordnung erfolgt durch einen mit drei Richtern besetzten Spruchkörper. Bei Gefahr in Verzuge kann sie auch durch einen einzelnen Richter getroffen werden.

(4) Zur Abwehr dringender Gefahren für die öffentliche Sicherheit, insbesondere einer gemeinen Gefahr oder einer Le-

bensgefahr, dürfen technische Mittel zur Überwachung von Wohnungen nur auf Grund richterlicher Anordnung eingesetzt werden. Bei Gefahr im Verzuge kann die Maßnahme auch durch eine andere gesetzlich bestimmte Stelle angeordnet werden; eine richterliche Entscheidung ist unverzüglich nachzuholen.

(5) Sind technische Mittel ausschließlich zum Schutze der bei einem Einsatz in Wohnungen tätigen Personen vorgesehen, kann die Maßnahme durch eine gesetzlich bestimmte Stelle angeordnet werden. Eine anderweitige Verwertung der hierbei erlangten Erkenntnisse ist nur zum Zwecke der Strafverfolgung oder der Gefahrenabwehr und nur zulässig, wenn zuvor die Rechtmäßigkeit der Maßnahme richterlich festgestellt ist; bei Gefahr im Verzuge ist die richterliche Entscheidung unverzüglich nachzuholen.

(6) Die Bundesregierung unterrichtet den Bundestag jährlich über den nach Absatz 3 sowie über den im Zuständigkeitsbereich des Bundes nach Absatz 4 und, soweit richterlich überprüfungsbedürftig, nach Absatz 5 erfolgten Einsatz technischer Mittel. Ein vom Bundestag gewähltes Gremium übt auf der Grundlage dieses Berichts die parlamentarische Kontrolle aus. Die Länder gewährleisten eine gleichwertige parlamentarische Kontrolle.

(7) Eingriffe und Beschränkungen dürfen im übrigen nur zur Abwehr einer gemeinen Gefahr oder einer Lebensgefahr für einzelne Personen, auf Grund eines Gesetzes auch zur Verhütung dringender Gefahren für die öffentliche Sicherheit und Ordnung, insbesondere zur Behebung der Raumnot, zur Bekämpfung von Seuchengefahr oder zum Schutze gefährdeter Jugendlicher vorgenommen werden.

Die Absätze 1, 2 und 7 kennen wir ja schon, die vier weiteren Absätze wurden nötig, um den Bürger ganz legal mit den neuen technischen Möglichkeiten auszuspionieren. Zu seiner eigenen Sicherheit, natürlich, vor den bösen, organisierten Verbrechern.

Bloß, weil da so oft Richter angeführt werden, brauchen Sie nicht auf Gerechtigkeit zu hoffen. Wer in Deutschland Richter werden möchte, muß sich dafür qualifizieren. Er oder sie wird erst einmal ein paar Jahre lang beobachtet, darf sich bei der Staatsanwaltschaft bewähren und erst, wenn die Person ihre Zuverlässigkeit bewiesen hat, erlangt sie das begehrte Richteramt.

Solche Kleinigkeiten wie eine Hausdurchsuchung sind für den Richter reine Formsache. Die nickt er ab, läßt sie von einem Amtsschreiber ausfertigen und gibt sie in der Regel ohne zeitaufwendige Unterschrift heraus, damit das Rollkommando der Polizei ausrücken kann.

Daß solche Eingriffe eine kleine Firma ruinieren können und sogar für eine Privatperson eine unverhältnismäßige Beeinträchtigung des täglichen Lebensablaufes darstellen, interessiert die nach Beamtentarif besoldeten Herrschaften nicht. Sind Sie betroffen, richten Sie sich auf eine Verfahrensdauer von mindestens zwei Jahren ein.

Für Ihre Briefe (Papier oder elektronisch) und Telephongespräche haben sich die Abgeordneten im Artikel 10 etwas ganz Besonderes einfallen lassen:

(1) Das Briefgeheimnis sowie das Post- und Fernmeldegeheimnis sind unverletzlich.

(2) Beschränkungen dürfen nur auf Grund eines Gesetzes angeordnet werden. Dient die Beschränkung dem Schutze der freiheitlichen demokratischen Grundordnung oder des Bestandes oder der Sicherung des Bundes oder eines Landes, so kann das Gesetz bestimmen, daß sie dem Betroffenen nicht mitgeteilt wird und daß an die Stelle des Rechtsweges die Nachprüfung durch von der Volksvertretung bestellte Organe und Hilfsorgane tritt.

Ursprünglich gab es nur den ersten Absatz, zu dem selbstverständlich der erste Satz des zweiten Absatzes gehört hat. Unbeschränkte Rechte? Nicht bei uns!

Aber die Weiterführung ist wirklich interessant: Sollten sich die Parlamentarier bedroht fühlen (Denn welche Pfründe soll die freiheitlich-demokratische Grundordnung sonst sichern?), dann dürfen sie per Gesetz beschließen, daß der Ausgespähte nicht unterrichtet wird und keinen Anspruch auf Rechtsmittel hat, sondern statt dessen die Hundesteuerabteilung des Gemeindeamts von Nordoosterstedt als Hilfsorgan die Nachprüfung auf Recht- und Verhältnismäßigkeit vornimmt.

Ja, dafür muß man Deutscher sein, um solche Feinheiten wirklich würdigen zu können. Und die wunderbaren Regelungen des Artikels 16:

(1) Die Deutsche Staatsangehörigkeit darf nicht entzogen werden. Der Verlust der Staatsangehörigkeit darf nur auf Grund eines Gesetzes und gegen den Willen des Betroffenen nur dann eintreten, wenn der Betroffene dadurch nicht staatenlos wird.

(2) Kein Deutscher darf an das Ausland ausgeliefert werden. Politisch Verfolgte genießen Asylrecht.

Entschuldigung, das ist die Fassung von 1949. Für das Asylrecht gibt es jetzt einen Artikel 16a, in dem eine Selbstverständlichkeit wortreich erklärt wird. Dabei wäre es so einfach gewesen: Nur wer wirklich politisch verfolgt wird, genießt Asyl. Wer hingegen in Deutschland eine Multi-Level-Marketing-Strategie für die Sicherung der Versorgung der Bevölkerung mit schwer erhältlichen Substanzen aufziehen möchte (landläufige und vermutlich rassistische und fremdenfeindliche Berufsbezeichnung: Drogendealer), der hat hier nichts zu suchen.

Aber mein Thema ist das Grundgesetz, deshalb schaue ich mir lieber den Artikel 16 Absatz 2 in der heutigen Fassung an:

(2) Kein Deutscher darf an das Ausland ausgeliefert werden. Durch Gesetz kann eine abweichende Regelung für Auslieferungen an einen Mitgliedstaat der Europäischen Union oder an einen internationalen Gerichtshof getroffen werden, soweit rechtsstaatliche Grundsätze gewahrt sind.

Also, laut Gesetz dürfen Sie als Deutscher heute jederzeit an ein anderes europäisches Land ausgeliefert werden. Oder an einen internationalen Gerichtshof, der durchaus das Volksgericht der Stalinistischen Internationale in Pjöngjang sein kann, wenn ein Gesetz das so festlegt.

Sie schulden dem Staat Loyalität, Gehorsam, Steuern und gegebenenfalls Ihr Blut und Ihr Leben, dafür darf der Staat Sie jederzeit den Wölfen vorwerfen.

Sollten Sie also das Gefühl haben, daß die englische Königin auf einer Pfundnote mit Schnurrbart besser aussieht, vergewissern Sie sich lieber, daß dies keine Majestätsbeleidigung darstellt, bevor Sie zum Stift greifen, denn die BRD wird Sie umgehend ausliefern.

Aber wenigstens gehört die Pfundnote Ihnen, sie ist Ihr Eigentum. Jedenfalls vorläufig, denn natürlich kümmert sich das Grundgesetz auch um Ihr Eigentum – im Artikel 14.

(1) Das Eigentum und das Erbrecht werden gewährleistet. Inhalt und Schranken werden durch die Gesetze bestimmt.

(2) Eigentum verpflichtet. Sein Gebrauch soll zugleich dem Wohle der Allgemeinheit dienen.

(3) Eine Enteignung ist nur zum Wohle der Allgemeinheit zulässig. Sie darf nur durch Gesetz oder auf Grund eines Gesetzes erfolgen, das Art und Ausmaß der Entschädigung regelt. Die Entschädigung ist unter gerechter Abwägung der Interessen der Allgemeinheit und der Beteiligten zu bestimmen. Wegen der Höhe der Entschädigung steht im Streitfall der Rechtsweg vor den ordentlichen Gerichten offen.

Ihr Eigentum wird Ihnen nicht garantiert, es wird Ihnen nur gewährleistet. Es sei denn, ein Gesetz gebietet etwas anderes. Beispielsweise könnte man eine nette kleine Vermögenssteuer einführen, die jegliches Vermögen ab dem ersten Euro besteuert. Der Rest wird bis zur nächsten Gesetzesänderung gewährleistet.

Den Absatz 2 sollten Sie als historisches Relikt betrachten. Ist sowieso nur eine Kann-Bestimmung. Wenn Sie als Multimilliardär es nicht vermeiden können, dürfen Sie mit Ihrem Vermögen auch ein bißchen dem Wohl der Allgemeinheit dienen, da hat das Grundgesetz überhaupt nichts dagegen.

Wenn Sie es jedoch vorziehen, zum Wohle Ihres Vermögens ein wenig die Allgemeinheit zu schädigen, indem Sie deutsche

Arbeitsplätze in Billiglohnländer verlagern, dürfen Sie das tun. Sie werden nicht einmal von Gesetzen behelligt, denn ausgerechnet zum Wohl der Allgemeinheit verzichtet das Grundgesetz darauf, den Gebrauch des Eigentums mittels eines Gesetzes einzuschränken.

Aber wenigstens haben die Väter des Grundgesetzes daran gedacht, Ihnen Ihr Eigentum wegzunehmen. Streng nach irgendeinem Gesetz, für dessen Auslegung Sie einen guten Anwalt brauchen. Oder, wenn Sie sich diese leisten können, ein paar gute Anwälte. Dann erreichen Sie bei dem Rechtsweg vor einem ordentlichen Gericht bestimmt eine deutlich höhere Entschädigung.

Sollten Sie sich diese Anwälte nicht leisten können, dient Ihr ehemaliges Eigentum eben weitaus günstiger dem Wohle der Allgemeinheit.

Wenn Sie künftig wieder einmal den von Politikern so gerne gebrauchten Satz hören, daß unser schönes Grundgesetz die Menschenrechte und die bürgerlichen Freiheiten garantiere, wissen Sie es jetzt besser. Garantiert wird hierin vor allem die Macht des Gesetzgebers, diese Rechte nach Bedarf einzuschränken und außer Kraft zu setzen. Zum Wohle des Volkes und des Staates, natürlich.

Und wer ist dieser Staat? Ein französischer König hatte einmal gesagt, er sei der Staat. Absolutistische Monarchen gibt es heute nicht mehr, aber wir haben in den Parteifunktionären einen guten und freiheitlich-demokratischen Ersatz dafür gefunden.

Ersetzen Sie einfach die Worte „im Namen des Volkes“ durch „im Namen der Volksvertreter“ oder „zum Wohle des Volkes“ mit „zum Wohle der Volksvertreter“ – und plötzlich werden Sie viele Nachrichten wesentlich besser verstehen.

Zwangsarbeit

Vermutlich können Sie eine Menge Bier gewinnen, wenn Sie mit Ihren Stammtischbrüdern wetten, daß das Grundgesetz die Zwangsarbeit erlaubt. Ich gebe zu, von mir hätten Sie ebenfalls ein Bier gewonnen.

Zwangsarbeit – das klingt nach Kommunismus, nach Gulag, nach Diktatur, ja nach Konzentrationslager. Zwangsarbeit gibt es doch nicht in einer Demokratie, das ist ein Relikt eines archaischen Strafvollzugs, nicht wahr?

Und das soll in unserem hochmodernen, ach so freiheitlichen Grundgesetz stehen? Ja – sogar seit 1949 unverändert steht im Artikel 12 Absatz 3:

(3) Zwangsarbeit ist nur bei einer gerichtlich angeordneten Freiheitsentziehung zulässig.

Früher gab es das einfache Gefängnis und für Schwerverbrecher das Zuchthaus. Heute gibt es nur noch die Gefängnisse, bei denen die Erziehung, die Besserung im Mittelpunkt steht und nicht die mittelalterliche Bestrafung.

Zumindest wird das in der Öffentlichkeit so dargestellt.

Aber laut Grundgesetz dürfen Sie zur Zwangsarbeit verpflichtet werden, dazu genügt eine ganz normale gerichtlich angeordnete Freiheitsstrafe.

Um es noch klarer auszudrücken: Die biestige Amtsrichterin, die bei Ihrer Verhandlung so desinteressiert weggehört hatte, verurteilt Sie nicht nur zu einem Jahr Freiheitsentzug im relativ ruhigen Gefängnis, sondern zu einem Jahr Zwangsarbeit. Aber das sagt man Ihnen nicht, das finden Sie schon selbst heraus.

Und glauben Sie ja nicht, daß Sie als Zwangsarbeiter entschädigt werden! Erstens fehlt Ihnen dafür ein Zentralrat, der das zur himmelschreienden Ungerechtigkeit erklärt, zweitens sind Sie ja nur ein gewöhnlicher Krimineller. Und obendrein ist alles verfassungsrechtlich legal.

Staatsgewalt

Sie wissen bestimmt, daß „Demokratie“ Volksherrschaft heißt, sonst hätten Sie ein Buch wie dieses bestimmt nicht gekauft. Und tatsächlich, es gibt den Artikel 20 im Grundgesetz, in dem genau das festgeschrieben ist.

(1) Die Bundesrepublik Deutschland ist ein demokratischer und sozialer Bundesstaat.

(2) Alle Staatsgewalt geht vom Volke aus. Sie wird vom Volke in Wahlen und Abstimmungen und durch besondere Organe der Gesetzgebung, der vollziehenden Gewalt und der Rechtsprechung ausgeübt.

(3) Die Gesetzgebung ist an die verfassungsmäßige Ordnung, die vollziehende Gewalt und die Rechtsprechung sind an Gesetz und Recht gebunden.

Die BRD ist laut Absatz 1 ein Staat, der aus dem Zusammenschluß kleinerer Einheiten entstanden ist, den Bundesländern, die in der Präambel aufgeführt sind. Aber das wissen Sie längst.

Die absolut einzigartigen und unglaublichen Sachen stehen in Absatz 2. Die Staatsgewalt geht vom **VOLKE** aus??? Von Ihnen und mir? Hm... Da steht nichts vom deutschen Volk, wie in der Präambel. Die Staatsgewalt in der BRD geht somit von einem hier nicht näher spezifizierten Volk aus.

Also ich gehöre nicht zu diesem Volk, von dem hier irgendeine Staatsgewalt ausgeht, denn sonst würden wir noch mit der guten alten Deutschen Mark bezahlen und ein paar andere Entscheidungen habe ich auch nicht befürwortet.

Laut Grundgesetz gibt es irgendwo ein ausgewähltes Volk, von dem in diesem deutschen Staat alle Herrschaftsgewalt ausgeht. Vielleicht kommentiert aus diesem Grund irgendein Zentralrat alle Ereignisse im Land und alle Handlungen der Bundesregierung. Aber womöglich liegt dies auch nur daran, daß zahllose Journalisten sich lieber die Meinung eines elitären Gremiums abholen, als dem eigenen Volk aufs Maul zu schauen, wie es ihre eigentliche Aufgabe wäre.

Dieses im Grundgesetz nicht näher bestimmte Volk entscheidet durch Wahlen und Abstimmungen. An Wahlen kann ich mich erinnern, da darf ich eine Partei ankreuzen, die ansonsten meine Interessen großzügig ignoriert, außerdem darf ich zwischen ein paar Menschen auswählen, die ich nicht kenne und die mir allesamt versichern, daß sie die Allerbesten für Deutschland und die Zukunft seien.

Aber abstimmen durfte ich noch nie, zumindest nicht über Entscheidungen des Bundesstaates Deutschland. Da redet man nicht nur mir ständig ein, daß Volksabstimmungen nicht verfassungsgemäß seien, obwohl hier eindeutig steht, daß zumindest ein nicht näher bestimmtes Volk die Staatsgewalt durch Abstimmungen ausüben darf.

Dieses Volk übt die Staatsgewalt zusätzlich noch durch Organe der Gesetzgebung aus, also irgendwelche Leute, die zum Nutzen dieses Volkes Gesetze für die BRD erlassen. Obendrein gibt es Organe, die diese Staatsgewalt am deutschen Volk vollziehen und über das Volk Recht sprechen.

Wir haben also ein Parlament, eine Polizei und ein Gerichtswesen, die im Namen eines Volkes hier in unserem Land die Gewalt ausüben. So steht es im Grundgesetz und so wird es auch gemacht. Denn das Parlament ist an das Grundgesetz gebunden und Polizei und Justiz müssen sich an die vom Parlament erlassenen Gesetze halten. Das steht so in Absatz 3.

Tja, und dann gibt es noch einen Absatz 4:

(4) Gegen jeden, der es unternimmt, diese Ordnung zu beseitigen, haben alle Deutschen das Recht zum Widerstand, wenn andere Abhilfe nicht möglich ist.

Sie haben also ausdrücklich das Recht zum Widerstand, wenn jemand versuchen sollte, die Ordnung zu beseitigen, in der sich Politiker und Beamte so gut eingerichtet haben und in der Ihre Grundrechte durch zahlreiche Gesetze eingeschränkt oder aufgehoben werden. Jetzt sind Sie plötzlich wieder deutsch, jetzt dürfen Sie es sein.

Als hier wohnender Ausländer haben Sie dieses Recht nicht. Wir sind zwar liberal und tolerant, aber sollten wir uns irgendwann einmal zu einem Umsturz dieser Ordnung entschließen, haben Sie das hinzunehmen. Oder sie besorgen sich eine deutsche Staatsbürgerschaft. Auch dafür gibt es ein Gesetz.

In der Praxis geht die Staatsgewalt natürlich nicht vom Volk aus, sondern von jenen Herrschaften, die man hin und wieder im Parlament bei der Arbeit antrifft, soweit das ihre sonstigen Tätigkeiten erlauben. Kanzler, Minister, Staatssekretäre, Fraktionsvorsitzende, einfache Abgeordnete und noch eine Menge mehr.

Allen gemeinsam ist, daß diese Herrschaften Mitglieder von Parteien sind. Keine einfachen Mitglieder, die werden so wenig gefragt wie einfache Bürger, sondern Funktionäre. Mächtige, gut bezahlte Funktionäre, die nur ihr Wohl im Auge haben. Also nicht Ihr Wohl, sondern... Sie verstehen, ja?

Dafür gibt es selbstverständlich einen „Verfassungsauftrag“, im Artikel 21, der sich mit diesen Parteien befaßt.

(1) Die Parteien wirken bei der politischen Willensbildung des Volks mit. Ihre Gründung ist frei. Ihre innere Ordnung muß demokratischen Grundsätzen entsprechen. Sie müssen über die Herkunft und Verwendung ihrer Mittel sowie über ihr Vermögen öffentlich Rechenschaft geben.

(2) Parteien, die nach ihren Zielen oder nach dem Verhalten ihrer Anhänger darauf ausgehen, die freiheitliche demokratische Grundordnung zu beeinträchtigen oder zu beseitigen oder den Bestand der Bundesrepublik Deutschland zu gefährden, sind verfassungswidrig. Über die Frage der Verfassungswidrigkeit entscheidet das Bundesverfassungsgericht.

(3) Das Nähere regeln Bundesgesetze.

Immer dieses Juristendeutsch...

Ich übersetze Ihnen diesen Artikel besser in eine klare Sprache, wie er in der Praxis gehandhabt wird:

(1) Parteifunktionäre personifizieren den politischen Willen des Volkes. Wer möchte, kann eine Partei gründen, soweit er damit nicht die Einkünfte bestehender Parteien reduziert und nicht vorhat, eigene Parteifunktionäre in Parlamente zu entsenden.

Ihre innere Ordnung muß dem entsprechen, was bereits etablierte Parteien als demokratische Ordnung festgelegt haben. Jede Partei muß ihre Einkünfte und ihr Vermögen offenlegen, zumindest jene Teile davon, die sich beim besten Willen nicht verstecken lassen.

(2) Neue Parteien, welche die Pfründen etablierter Parteifunktionäre gefährden, werden von den etablierten Parteien zu Feinden einer in ferner Zukunft vielleicht einmal existierenden Verfassung erklärt und verboten, sobald die darin eingeschleusten V-Leute der verschiedenen Bundes- und Länderbehörden einen neuen Posten gefunden haben.

(3) Alle Einzelheiten regeln von den etablierten Parteien zur Absicherung ihrer Machtposition erlassene Bundesgesetze.

Sehen Sie, so einfach und klar verständlich wird alles, wenn man sich ein wenig Mühe damit gibt. Sie können demnach jederzeit eine Partei gründen. Solange diese nicht übermäßig auffällt und in verräucherten Hinterzimmern verbleibt, hat niemand etwas dagegen. Sollte Ihre Partei jedoch zu bekannt werden und wohl gar darauf abzielen, ein paar Korrekturen im Grundgesetz vorzunehmen, dann beeinträchtigen Sie die freiheitliche und demokratische Grundordnung – und sind folglich verfassungswidrig.

An solche Korrekturen dürfen Sie nur dann denken, wenn Sie ein führender Funktionär einer demokratisch legitimierten Großpartei sind, die an den Pfründen unserer Gesellschaftsordnung bereits einen gehörigen Anteil erobert hat. Nur dann sind Sie würdig, das Volk zu vertreten.

Sie wissen ja: Ein Versicherungsvertreter verkauft Versicherungen, ein Staubsaugervertreter verkauft Staubsauger und ein Volksvertreter dient unermüdlich dem Wohl seiner Partei.

Die Grundrechte

Die garantierten Grundrechte gelten als das zentrale Element unseres Grundgesetzes. Wie Sie auf den vorangehenden Seiten feststellen konnten, legt der Staat im Bedarfsfall nicht ganz so viel Wert auf die Einhaltung der Grundrechte, wie er es in Sonntagsreden behauptet.

Trotzdem spricht der Artikel 1 des Grundgesetzes besonders hehre Worte über eben diese Grundrechte:

(1) Die Würde des Menschen ist unantastbar. Sie zu achten und zu schützen, ist Verpflichtung aller staatlichen Gewalt.

(2) Das Deutsche Volk bekennt sich darum zu unverletzlichen und unveräußerlichen Menschenrechten als Grundlage jeder menschlichen Gemeinschaft, des Friedens und der Gerechtigkeit in der Welt.

(3) Die nachfolgenden Grundrechte binden Gesetzgebung, vollziehende Gewalt und Rechtsprechung als unmittelbar geltendes Recht.

Also, die Würde des Menschen steht im Grundgesetz an allererster Stelle, Artikel 1, Absatz 1. Noch weiter vorne geht einfach nicht. Deshalb fühlen Sie sich ganz bestimmt immer menschenwürdig behandelt, zum Beispiel als Bittsteller bei der Bundesagentur zur Vertuschung der Arbeitslosigkeit, wenn Sie nachweisen müssen, daß der ererbte Nachttopf Ihrer Oma keinen wertvollen und deshalb auf Ihr Vermögen anzurechnenden Kunstgegenstand aus Meißener Porzellan darstellt.

Und auch der kommunale Hilfssheriff, der sie lustvoll schikaniert, weil Sie, um Ihren gehbehinderten, aber ausweislosen Vater unbedrängt aussteigen zu lassen, Ihr Fahrzeug kurzzeitig auf einem Behindertenparkplatz abgestellt und selbiges auch noch verlassen haben, um dem alten Mann die Tür zu öffnen, beachtet immer und zu allererst Ihre Menschenwürde.

Deshalb bekennt sich auch das Deutsche Volk – genauer, der Parlamentarische Rat – zu diesen unverletzlichen und unveräußerlichen Menschenrechten, bis auf jene Fälle, in denen der

Gesetzgeber sich über diese Grundlagen jeder menschlichen Gemeinschaft, des Friedens und der Gerechtigkeit in der Welt nach Gutdünken hinwegsetzen darf.

Deshalb führe ich diesen Artikel 1 erst jetzt auf, nachdem ich bereits dargestellt habe, wie stark dieser Anspruch von der Praxis verwässert worden ist – und wie stark die hier eingeräumten Menschenrechte bereits im Grundgesetz selbst der staatlichen bzw. regierungsamtlichen Willkür unterworfen werden.

Aber die Grundrechte binden ja die Gesetzgebung usw., von jenen knapp 100% aller Fälle abgesehen, in denen diese Grundrechte leider auf Grund von Gesetzen eingeschränkt werden müssen, also die Gesetze die Grundrechte binden, fesseln und knebeln.

Die offizielle Erklärung dafür lautet, man brauche eine wehrhafte Demokratie und man wolle einen zweiten Hitler verhindern.

Der erste Hitler brauchte die 1919 in Kraft getretene demokratische Verfassung von Weimar keine einzige Minute außer Kraft zu setzen, sie gewährte ihm alle Instrumente, um das zu errichten, was heute als repressive Diktatur bezeichnet wird.

Auch das Grundgesetz läßt ein Kapern seiner hehren Ansprüche durch repressive Regime zu. Das gesamte Instrumentarium einer Meinungsdiktatur ist vorhanden und der Gesetzgeber ermächtigt, es nach seinen Bedürfnissen auszubauen.

Es ist gleichgültig, ob jemand zu Gefängnis und der im Grundgesetz ausdrücklich zugelassenen Zwangsarbeit verurteilt wird, weil er an der Ideologie des Nationalsozialismus' gezweifelt, sich nicht enthusiastisch genug für den Aufbau des DDR-Sozialismus' eingesetzt oder in der Grundgesetz-BRD Volksverhetzung begangen hat.

„Ein bißchen schwanger" geht nicht, entweder ist ein Staat freiheitlich und liberal, oder eben eine Meinungsdiktatur. Der erste Dissident, der aus politischen Gründen im Gefängnis sitzt, wird zum Sündenfall eines jeden Staatswesens. Und ja, es gab und es gibt in Deutschland politische Häftlinge, die wegen „Gesinnungsverbrechen" zur Zwangsarbeit verurteilt wurden.

Aber sogar hier wurde im Artikel 18 vorgesorgt, um wenigstens den schönen Schein zu wahren:

Wer die Freiheit der Meinungsäußerung, insbesondere die Pressefreiheit (Artikel 5 Absatz 1), die Lehrfreiheit (Artikel 5 Absatz 3), die Versammlungsfreiheit (Artikel 8), die Vereinigungsfreiheit (Artikel 9), das Brief-, Post- und Fernmeldegeheimnis (Artikel 10), das Eigentum (Artikel 14) oder das Asylrecht (Artikel 16 a) zum Kampfe gegen die freiheitliche demokratische Grundordnung mißbraucht, verwirkt diese Grundrechte. Die Verwirkung und ihr Ausmaß werden durch das Bundesverfassungsgericht ausgesprochen.

Als „Feind der freiheitlich-demokratischen Grundordnung" haben Sie die Grundrechte verwirkt. Und wer ein Feind dieser Grundordnung ist, entscheidet zunächst einmal die Bundesregierung per Gesetz. Oh, ja, das Bundesverfassungsgericht, das eigentlich Bundesgrundgesetzgericht heißen müßte, kann dagegen vorgehen, falls es das für notwendig erachtet.

Ihnen steht jederzeit der Weg zum Bundesverfassungsgericht offen, wenn Sie sich durch Meinungszensur oder anderweitig ungerecht behandelt fühlen. Aber natürlich hat dieses hohe Gericht bei der Klage eines Einzelnen keinen dringlichen Bedarf, darüber zu entscheiden. Bis Ihre Klage überhaupt angenommen wird, vergehen Jahre. Und wenn Sie bis dahin nicht gestorben sind, wird vielleicht doch noch einmal darüber verhandelt. Bis dahin bleibt so ein Gesetz gültiges Recht und jedes kleine Amtsgericht darf Sie trotz aller Verstöße gegen das Grundgesetz ins Gefängnis werfen.

Damit das noch ein bißchen nach Gerechtigkeit aussieht, wurde im Artikel 19 festgelegt:

(1) Soweit nach diesem Grundgesetz ein Grundrecht durch Gesetz oder auf Grund eines Gesetzes eingeschränkt werden kann, muß das Gesetz allgemein und nicht nur für den Einzelfall gelten. Außerdem muß das Gesetz das Grundrecht unter Angabe des Artikels nennen.

(2) In keinem Falle darf ein Grundrecht in seinem Wesensgehalt angetastet werden.

Es darf also keine „Lex Winkler“ geben, um ausschließlich gegen mich vorzugehen, sondern die Einschränkungen müssen so allgemein gehalten werden, daß man damit auch Ihre Grundrechte einschränken kann. Und damit die Staatsanwälte und Vollstreckungsrichter wissen, wo sie nachschlagen müssen, wird praktischerweise aufgeführt, welche Artikel nicht mehr gelten sollen.

Den Absatz 2 hat bestimmt ein Semantik-Professor verfaßt. Wenn ich als Anführer einer staatlich legitimierten Räubertruppe im Rahmen einer Hausdurchsuchung in Ihre Wohnung einbreche, dann taste ich das Grundrecht auf Unverletzlichkeit der Wohnung garantiert nicht in seinem Wesensgehalt an. Ich ignoriere es durch meine Handlungen vollkommen, aber ich habe ja die Ermächtigung durch einen Richter in der Tasche. Und da meine Truppe zu klein ist, um alle Häuser der Stadt zu durchsuchen, bleibt das Grundrecht doch gewahrt, oder?

Zur Beruhigung von Leuten, die sich ungerecht behandelt fühlen, gibt es noch den Absatz 4:

(4) Wird jemand durch die öffentliche Gewalt in seinen Rechten verletzt, so steht ihm der Rechtsweg offen. Soweit eine andere Zuständigkeit nicht begründet ist, ist der ordentliche Rechtsweg gegeben.

Sie dürfen also, falls Sie es sich leisten können, kostenträchtig prozessieren. Zumindest, falls es keine andere Zuständigkeit geben sollte. Wenn zufällig das Ministerium für Staatssicherheit – oder eben die Gestapo – dafür zuständig ist, dann könnte der „ordentliche“ Rechtsweg ausgeschlossen sein. Allgemein und für jeden, natürlich. Aber keine Sorge, Sie leben in einem freien Land, einem anerkannten Rechtsstaat. Das steht doch schon im Grundgesetz!

Der Artikel 23

1949 war dieser Artikel noch mit „Geltungsbereich des Grundgesetzes“ überschrieben und lautete kurz und bündig:

Dieses Grundgesetz gilt zunächst im Gebiete der Länder Baden, Bayern, Bremen, Groß-Berlin, Hamburg, Hessen, Niedersachsen, Nordrhein-Westfalen, Rheinland-Pfalz, Schleswig-Holstein, Württemberg-Baden und Württemberg-Hohenzollern. In anderen Teilen Deutschlands ist es nach deren Beitritt in Kraft zu setzen.

Gut, das mit Groß-Berlin war damals ein wenig optimistisch, Baden-Württemberg mußte sich erst noch vereinigen und das Saarland durfte schließlich beitreten. Von solchen Kleinigkeiten abgesehen, erfüllte dieser Artikel treu und brav seinen Zweck.

Als 1990 die fünf neuen Bundesländer dem Geltungsbereich des Grundgesetzes beigetreten sind, hätte man die Liste erweitern können und es hätte keinen Menschen gestört.

Dieser schöne und für jeden verständliche Artikel nennt sich heute „Mitwirkung bei der Entwicklung der EU“ und hat mit einem Geltungsbereich nichts mehr zu tun. Aber glauben Sie besser an einen wie auch immer gearteten Geltungsbereich dieses Verfassungsersatzes, sonst müssen Sie vielleicht noch daran glauben.

Jedenfalls haben wir jetzt ein schönes, bürokratisches Monster in unserem ach so geheiligten Grundgesetz. Der Text ist dabei so gut formuliert, daß man sich als Nichtjurist dringend eine Übersetzung ins Deutsche wünscht. Aber dafür ist dieses Buch ja da, damit die Leser herausfinden, was so alles in unserem Verfassungsersatz steht.

(1) Zur Verwirklichung eines vereinten Europas wirkt die Bundesrepublik Deutschland bei der Entwicklung der Europäischen Union mit, die demokratischen, rechtsstaatlichen, sozialen und föderativen Grundsätzen und dem Grundsatz der Subsidiarität verpflichtet ist und einen diesem Grundgesetz im wesentlichen vergleichbaren Grundrechtsschutz gewährlei-

stet. Der Bund kann hierzu durch Gesetz mit Zustimmung des Bundesrates Hoheitsrechte übertragen. Für die Begründung der Europäischen Union sowie für Änderungen ihrer vertraglichen Grundlagen und vergleichbare Regelungen, durch die dieses Grundgesetz seinem Inhalt nach geändert oder ergänzt wird oder solche Änderungen oder Ergänzungen ermöglicht werden, gilt Artikel 79 Absatz 2 und 3.

Der lästige und völlig überflüssige deutsche Staat BRD möchte so sich schnell wie möglich einem vereinten Europa unterwerfen, in der Hoffnung, daß dieses ähnliche Lippenbekenntnisse (=Grundsätze) ablegt, wie die heutige BRD. Außerdem soll Europa weiterhin gewährleisten, daß die Grundrechte der Menschen durch einfache Gesetze eingeschränkt oder aufgehoben werden können.

Damit das möglichst reibungslos passiert, dürfen die Parteifunktionäre in Regierung, Bundestag und Bundesrat beschließen, Hoheitsrechte der BRD an das durch keinerlei demokratische Wahlen legitimierte Politbüro der EU-Kommissare zu übertragen.

Bei Bedarf wird das ach so hehre Grundgesetz an die Wünsche der EU-Kommissare angepaßt.

Alles klar? Verstehen Sie jetzt, warum solche Artikel in einer unverständlichen Sprache formuliert werden?

Damit nicht alles leicht zu finden ist, hat man weitere Regelungen in anderen Artikeln versteckt. Deshalb möchte ich jetzt den angesprochenen Artikel 79 einschieben:

(1) Das Grundgesetz kann nur durch ein Gesetz geändert werden, das den Wortlaut des Grundgesetzes ausdrücklich ändert oder ergänzt. Bei völkerrechtlichen Verträgen, die eine Friedensregelung, die Vorbereitung einer Friedensregelung oder den Abbau einer besatzungsrechtlichen Ordnung zum Gegenstand haben oder der Verteidigung der Bundesrepublik zu dienen bestimmt sind, genügt zur Klarstellung, daß die Bestimmungen des Grundgesetzes dem Abschluß und dem Inkraftsetzen der Verträge nicht entgegenstehen, eine Ergän-

zung des Wortlautes des Grundgesetzes, die sich auf diese Klarstellung beschränkt.

(2) Ein solches Gesetz bedarf der Zustimmung von zwei Dritteln der Mitglieder des Bundestages und zwei Dritteln der Stimmen des Bundesrates.

(3) Eine Änderung dieses Grundgesetzes, durch welche die Gliederung des Bundes in Länder, die grundsätzliche Mitwirkung der Länder bei der Gesetzgebung oder die in den Artikeln 1 und 20 niedergelegten Grundsätze berührt werden, ist unzulässig.

Die Absätze 2 und 3 sind harmlos, die habe ich nur deshalb eingefügt, weil sie im obigen Artikel 23.1 erwähnt wurden. Richtig schön ist der gerne verschwiegene Absatz 1. 1949, also während der damals noch ganz offen durchgeführten Besatzung, bestand der nur aus einem, dem allerersten Satz. Aber was heutzutage folgt, läßt tief blicken.

„Bei völkerrechtlichen Verträgen, die eine **Friedensregelung**, die **Vorbereitung einer Friedensregelung** oder den **Abbau einer besatzungsrechtlichen Ordnung** zum Gegenstand haben..."

Über welche Friedensregelung wird hier wohl geredet? Welche besatzungsrechtliche Ordnung soll hier abgebaut werden? Da diese Sätze im Grundgesetz stehen, wird es sich ja wohl kaum um Zwistigkeiten des Erzbistums Köln mit dem Vatikan handeln. Und auch nicht darum, daß Ihre Tochter jeden Tag mehrere Stunden das Badezimmer besetzt hält.

Immer wieder wird behauptet, die BRD sei ein souveräner Staat und der Zweite Weltkrieg lange erledigte Geschichte. Abgesehen von ein paar Spinnern wie mir, die nicht verstehen wollen, daß die Feindstaatenklauseln der UNO längst obsolet sind, und noch immer glauben, wir seien ein besetztes Land ohne Friedensvertrag...

Ausgerechnet im geheiligten Grundgesetz, gut versteckt, steht, daß eine Friedensregelung noch aussteht und die besatzungsrechtliche Ordnung nach wie vor in Kraft ist.

Hier wird auch ganz verbindlich geregelt: Wenn die Besatzungsmächte Regelungen fordern, die dem Grundgesetz widersprechen, dann wird das Grundgesetz eben außer Kraft gesetzt. Die Besatzer haben folglich Vorrechte, die ihnen das Grundgesetz ausdrücklich zugesteht.

Genau deshalb, weil wir eben KEIN souveräner Staat sind, haben wir keine Verfassung, sondern nur das OMF-Konstrukt des Grundgesetzes.

Der Artikel 23 hat noch sechs weitere Absätze, in denen geregelt ist, auf welche Weise der Bundesrat mitwirken darf, wenn die BRD dem Politbüro der EU weitere Rechte und Vollmachten überträgt. Das ist eine kleine Geschäftsordnung zur Befriedigung der Landesfürsten, von Juristen für Juristen, die jedoch für dieses Buch weniger interessant ist.

Bundesland Franken

Ja, in Ordnung, das ist keine Herzensangelegenheit, aber sollten sich die Menschen in Nordbayern und in Tauberfranken entschließen, daß sie sich nicht mehr von München oder Stuttgart aus regieren lassen wollen, erlaubt das Grundgesetz die Neugliederung in Artikel 29.

(4) Wird in einem zusammenhängenden, abgegrenzten Siedlungs- und Wirtschaftsraum, dessen Teile in mehreren Ländern liegen und der mindestens eine Million Einwohner hat, von einem Zehntel der in ihm zum Bundestag Wahlberechtigten durch Volksbegehren gefordert, daß für diesen Raum eine einheitliche Landeszugehörigkeit herbeigeführt werde, so ist durch Bundesgesetz innerhalb von zwei Jahren entweder zu bestimmen, ob die Landeszugehörigkeit gemäß Absatz 2 geändert wird, oder daß in den betroffenen Ländern eine Volksbefragung stattfindet.

Nach diesem Artikel kann eine Bevölkerungsgruppe (die in Deutschland auch als „Stamm“ bezeichnet wird) sich zu einem eigenen neuen Bundesland organisieren, wenn sie groß genug ist und ein langwieriges Verfahren auf sich nimmt. Man beachte, daß hier eine Mindestbevölkerung von einer Million vorgesehen ist. Das Saarland liegt knapp über dieser Grenze (1,05 Millionen Einwohner), Bremen hingegen mit rund 548.000 darunter.

Das neue Bundesland Franken wäre ebenfalls groß genug, so wie die potentiellen Bundesländer Schwaben oder Westfalen. Ob es jedoch sinnvoll ist, das Bundesgebiet in noch mehr kleinere Bundesländer zu unterteilen, möchte ich hier nicht diskutieren. Wenn, dann muß das aus gewichtigen Gründen geschehen, also beispielsweise um ein neues Bundesland mit einer starken CDU-Regierung zu bilden, weil im Mutterland seit 40 Jahren die SPD absolute Mehrheiten holt. Also zum Wohle des Ganzen.

(5) Die Volksbefragung ist darauf gerichtet festzustellen, ob eine in dem Gesetz vorzuschlagende Änderung der Landeszu-

gehörigkeit Zustimmung findet. Das Gesetz kann verschiedene, jedoch nicht mehr als zwei Vorschläge der Volksbefragung vorlegen. Stimmt eine Mehrheit einer vorgeschlagenen Änderung der Landeszugehörigkeit zu, so ist durch Bundesgesetz innerhalb von zwei Jahren zu bestimmen, ob die Landeszugehörigkeit gemäß Absatz 2 geändert wird. Findet ein der Volksbefragung vorgelegter Vorschlag eine den Maßgaben des Absatzes 3 Satz 3 und 4 entsprechende Zustimmung, so ist innerhalb von zwei Jahren nach der Durchführung der Volksbefragung ein Bundesgesetz zur Bildung des vorgeschlagenen Landes zu erlassen, das der Bestätigung durch Volksentscheid nicht mehr bedarf.

(6) Mehrheit im Volksentscheid und in der Volksbefragung ist die Mehrheit der abgegebenen Stimmen, wenn sie mindestens ein Viertel der zum Bundestag Wahlberechtigten umfaßt. Im übrigen wird das Nähere über Volksentscheid, Volksbegehren und Volksbefragung durch ein Bundesgesetz geregelt; dieses kann auch vorsehen, daß Volksbegehren innerhalb eines Zeitraumes von fünf Jahren nicht wiederholt werden können.

Sie sehen, die Regelung ist recht umständlich formuliert, damit nicht zu viele Volksgruppen auf den Gedanken kommen, sich als neues Bundesland zu verselbständigen. Der Nichtjurist begreift schon nach fünfmaligem Durchlesen, was eventuell gemeint sein könnte.

Die Bibel war einst nur auf Latein und Griechisch verfaßt, damit das einfache Volk das Buch der Bücher nicht versteht. So einfach geht das heute nicht mehr, also muß eine Fremdsprache konstruiert werden, die sich wie Deutsch anhört, die aber nur von Eingeweihten verstanden werden kann.

Betrachten Sie dieses Kapitel einfach als ein kleines Kuriosum im Grundgesetz, deshalb verzichte ich auf eine Übersetzung ins verständliche Deutsch. Und sollten Sie einmal etwas von der Unterfränkischen Befreiungs-Armee (UFBA) hören – gebt bloß nicht auf, denn wir werden siegen, Kameraden!

Bundesrecht bricht Landesrecht

Das ist zugleich der volle Wortlaut des Artikels 31. Das besagt nicht mehr und nicht weniger, als daß der Bund Vorrang hat vor allen Ländern. Wenn also das Saarland eine „Schwenkbratenverordnung" herausgibt, dann ist die im Saarland zu beachten, es sei denn, es wird eine Bundesschwenkbratenverordnung erlassen, welche die saarländische Schwenkbratenverordnung zur Gänze aufhebt.

Dabei ist es unerheblich, daß der Schwenkbraten eine saarländische Spezialität darstellt und Nichtsaarländer den so wenig zubereiten können, wie Nichtrheinländer einen Rheinischen Sauerbraten.

Was bei Schwenkbraten noch an den Haaren herbeigezogen klingt, wird bei Gammelfleisch schon deutlich relevanter. Sollte nun Bayern, als Hauptproduzent von Gammelfleisch, eine Gesetzesoffensive starten und hinter jedem Schnitzel einen eigenen Kontrolleur herjagen wollen, könnte jeder Gammelfleischverkäufer die Kontrolleure mit dem Hinweis auf das Bundesrecht aus seiner Fabrik jagen.

Im Artikel 20 steht der schöne Absatz:

(1) Die Bundesrepublik Deutschland ist ein demokratischer und sozialer Bundesstaat.

Ein Bundesstaat ist ein Zusammenschluß aus vormals unabhängigen Ländern, die ihre Souveränität zu Gunsten einer größeren Gemeinschaft auf diese übertragen haben. Dieser Zusammenschluß erfolgte nebenbei am 19. Januar 1871 mit der Ausrufung des Deutschen Kaiserreiches.

Die Alt-BRD („Trizonesien") fußt folglich auf einen Zusammenschluß, der lange vor ihrer Gründung bereits stattgefunden hat.

Wie freiwillig derartige Zusammenschlüsse sind, mußten die Confederated Staates of Amerika (CSA) erfahren, als sie aus den United Staates of America (USA) wieder austreten wollten, um sich eine neue, ein wenig abweichende politische Ordnung zu geben: Die USA haben die CSA in einem blutigen Krieg verwüstet und unterworfen und nachträglich behauptet, weil das in den Geschichtsbüchern besser ausschaut, als eine beutegierige Eroberung durchzuführen, es wäre um die Befreiung der Sklaven gegangen.

Gegen den Artikel 31 verstößt das von der EU propagierte „Subsidiaritätsprinzip", nach dem Probleme in der kleinstmöglichen politischen Einheit geregelt werden sollen. Was allein Mittelmietraching betrifft, soll weder durch die bayerische Staatsregierung, noch durch die Bundesregierung und schon gar nicht durch das Politbüro der EU geregelt werden. Steht jedenfalls auf dem Papier.

In der Praxis erfolgt der Weg der Bürokratie exakt in die andere Richtung. Schon heute – 2007 – sind 80% der Gesetze, die vom Bundestag beschlossen werden, EU-Verordnungen, die in nationales Recht umgesetzt werden (müssen). Und weil Bundesrecht jegliches Landesrecht bricht, regieren in Mittelmietraching nicht die gewählten und ihren Nachbarn bekannten Gemeinderäte, sondern die fernen, gesichtslosen und die örtlichen Probleme mangels Sachkenntnis völlig ignorierenden EU-Bürokraten.

Falls Sie Mecklenburg-Vorpommern auf der Landkarte suchen müssen, schauen Sie sich das Land einmal genauer an. Vor allem seine Berge, seine Almen, seine Skigebiete... Ja, gut, die höchsten Erhebungen dort sind vermutlich die Masten einiger Windkraftwerke. Aber das Land hat eine eigene Seilbahnverordnung. Gut, Seilbahnen suchen Sie dort vergebens, aber die Verordnung existiert. Das hat die EU so beschlossen und als untergeordnetes Bundesland muß auch Mecklenburg-Vorpommern jeglichen Unsinn übernehmen, den die Bundesregierung als EU-Vasall ins Bundesrecht übernimmt.

Und weil wir ein liberaler Bundesstaat sind, darf der Bund seinen Ländern im Artikel 28, Absatz 1, Satz 1 auch vorschreiben:

Die verfassungsmäßige Ordnung in den Ländern muß den Grundsätzen des republikanischen, demokratischen und sozialen Rechtsstaates im Sinne dieses Grundgesetzes entsprechen.

Ja, ja – erinnern Sie sich an die CSA? Sollte also einmal ein Bundesland sich mit der Mehrheit der Bevölkerung entschließen, ein paar Reglungen anders zu treffen (also Bayern sich einen König geben), dann stellt sich dieses Bundesland außerhalb des Grundgesetzes.

Und dann? Das Grundgesetz hat keine Sanktionen vorgesehen, es gibt auch keine Handlungsanweisungen, wie der demokratische und soziale Bundesstaat darauf regieren soll.

Aber gehen wir getrost davon aus, daß jenes Modell, das die USA vorexerziert haben, dann zum Tragen kommt. Wobei unsere amerikanischen Besatzer... – ach nein, offiziell heißt das ja „Freunde" – bestimmt mithelfen. Die USA haben ja auch schon den CSA erfolgreich die Demokratie gebracht. Heute gibt es Bombenflugzeuge, da braucht kein General Sherman mehr vor Ort zu brandschatzen.

Aber das passiert bestimmt nicht. Schließlich liegt Bayern in der amerikanisch befreiten Zone, da wird niemand so einfach einen König wählen. Aber reden darf man davon – noch, bevor das wegen Aussicht auf Erfolg zur Volksverhetzung wird.

Aber der Artikel 31 verhindert Unabhängigkeit sowieso erfolgreich. Ein kleines Bundesgesetz und schon wird in jedem Bundesland einheitlich gewählt und regiert. Freiheitlich, demokratisch, sozial und liberal.

Und die CSU wird verboten, wenn sie den Boden der freiheitlich-demokratischen Grundordnung so schnöde verläßt. Man darf nicht alles tun, was man will, bloß weil 70 – 90% der Bayern CSU wählen. Hier im Land herrscht schließlich Demokratie!

Amtshilfe

Erinnern Sie sich an den G8-Gipfel 2007, bei dem hauptsächlich unsere Bundeskanzlerin zur „Miss World" und „Miss Erfolg" gekürt wurde? (Allerdings nur von deutschen Boulevard-Zeitungen, die versammelten Regierungschefs haben die Dame im bunten Hosenanzug höchstens als Nebenmotiv für Familienphotos betrachtet.)

Keine Sorge, es geht hier gar nicht um Angela Dorothea Merkel / Kasner / Sauer, sondern um die Bundeswehr, die zur Amtshilfe vor Ort gewesen war, mit Aufklärungspanzern und Tornado-Flugzeugen.

„Die dürfen das gar nicht", hat die eine Seite damals gesagt. „Doch, ist wirklich nur Amtshilfe", beschwichtigte die Regierung, die diese Soldaten auf Mitbürger gehetzt hatte.

Wie schön, daß unser Grundgesetz das in Artikel 35 eindeutig regelt:

(1) Alle Behörden des Bundes und der Länder leisten sich gegenseitig Rechts- und Amtshilfe.

(2) Zur Aufrechterhaltung oder Wiederherstellung der öffentlichen Sicherheit oder Ordnung kann ein Land in Fällen von besonderer Bedeutung Kräfte und Einrichtungen des Bundesgrenzschutzes zur Unterstützung seiner Polizei anfordern, wenn die Polizei ohne diese Unterstützung eine Aufgabe nicht oder nur unter erheblichen Schwierigkeiten erfüllen könnte. Zur Hilfe bei einer Naturkatastrophe oder bei einem besonders schweren Unglücksfall kann ein Land Polizeikräfte anderer Länder, Kräfte und Einrichtungen anderer Verwaltungen sowie des Bundesgrenzschutzes und der Streitkräfte anfordern.

Ja, die Amtshilfe ist zulässig, aber sie unterliegt Einschränkungen. Nur, wenn die örtliche (Landes-)Polizei mit der Sicherheitslage nicht fertigzuwerden droht, darf ein Bundesland die Hilfe des kasernierten und paramilitärischen Bundesgrenzschutzes anfordern, der inzwischen in „Bundespolizei" umgetauft worden ist, denn wir sind schließlich rundum von befreundeten

Ländern, wenn nicht gar der EU umgeben, deshalb müssen wir diese Grenzen nicht mehr mit einer besonderen Kampftruppe schützen.

Die Streitkräfte, also die Bundeswehr, dürfen nur bei Naturkatastrophen und besonders schweren Unglücksfällen angefordert werden. Natürlich soll bei Unglücksfällen nicht die Luftwaffe bombardieren, da geht es um Bergepanzer und eventuell noch die Pioniere.

Es ist also ganz legal, wenn „die starke Truppe“ (Eigenwerbung) bei diversen Hochwasserkatastrophen in Bataillonsstärke ausrückt und Sandsäcke auf gefährdete Dämme wuchtet.

Mehr läßt das Grundgesetz in der jetzigen Fassung allerdings nicht zu. Deshalb standen vor den Stadien der Fußballweltmeisterschaft auch keine Kampfpanzer, um die Wehrhaftigkeit dieser Demokratie zu demonstrieren und ein paar zufällig anwesenden Waffenhändlern die Qualität deutscher Produktion vorzuführen.

Deshalb tut sich unser Staatssicherheits-Minister Wolfgang Schäuble auch so schwer, Passagierflugzeuge bei Terrorverdacht vom Himmel zu pusten.

Aber wenn die Bundespolizei endlich mit Flugabwehrraketen ausgestattet ist, dann klappt das schon. Ach nein, dann muß ein Bundesland erst die Bundespolizei anfordern...

Also müssen wir doch die Polizei der Bundesländer mit Spähpanzer Fuchs, Aufklärungstornados und Eurofightern ausrüsten, damit sie auf jede Sicherheitslage flexibel reagieren kann.

Oder wir ändern das Grundgesetz, das haben wir bereits oft genug getan. Bis dahin ist das, was in Rostock geschehen ist, ein Verstoß gegen unseren Verfassungsersatz.

Oder... Vielleicht war der G8-Gipfel ja eine Naturkatastrophe. Genug gekostet hat er schließlich, außerdem hat der anreisende Troß der Politiker eine Menge Umweltschäden angerichtet. So gesehen durfte die Bundeswehr eingesetzt werden.

Und wenn wir jeden Auftritt der Merkel-Regierung als besonders schweren Unglücksfall auffassen...

Wir sind doch alle gleich!

Das steht wenigstens im Grundgesetz, Artikel 33:

(1) Jeder Deutsche hat in jedem Lande die gleichen staatsbürgerlichen Rechte und Pflichten.

Mit „jedem Lande“ ist dabei natürlich das Bundesland gemeint. Also nur weil Sie aus Berlin kommen, zahlreiche ausgabefreudige regierende Bürgermeister (=Ministerpräsidenten) hatten, Ihr Bundesland restlos pleite ist, keine einzige DAX-Firma dort ihren Sitz hat, aber dafür extrem viele türkische Mitbürger leben, brauchen Sie sich nicht als Deutscher zweiter Klasse zu fühlen.

Nicht einmal in Bayern, die zwar aus Folklore-Gründen immer noch auf die „Preiß’n“ schimpfen, aber bereitwillig in den Länderfinanzausgleich einzahlen. Und, nebenbei: auch wir in Bayern können uns unseren Ministerpräsidenten nicht aussuchen, sondern bekommen den von der allmächtigen CSU vorgesetzt. Und wir sind ganz froh darüber, daß die Pfälzer kaum noch an die Kolonialzeit denken, als die Prinzregententorte acht statt der heutigen sieben Schichten gehabt hatte.

Jeder Deutsche hat also das Recht, andere Deutsche im Rahmen seiner selbstempfundenen staatsbürgerlichen Pflichten zu denunzieren, bei der Polizei anzuzeigen oder gegen seine Mitmenschen zu prozessieren.

Ursprünglich mußten praktisch alle jungen Männer zum Wehrdienst (oder zum Ersatzdienst, auf jeden Fall wurden sie eingezogen). Ich kann mich heute noch an den Bataillons-Kommandeur erinnern, der uns in markigen Worten erklärt hat, wir hätten bislang nur die Rechte genossen und seien jetzt, bei der Bundeswehr, mit den Pflichten an der Reihe.

Aber, wie gesagt, das war vor langer, langer Zeit. Besitzt Ihr Vater einen gut besuchten Bauchladen, so werden Sie als Unternehmersohn erst gar nicht von der Bundeswehr belästigt (natürlich darf der „Bauchladen“ auch ein schnuckeliger Familienbetrieb mit 800 Angestellten und 1.500 Millionen Euro Jahresumsatz sein).

Höchstens die Hälfte der jungen Männer wird heute überhaupt noch gezogen, der Rest kommt einfach so durch.

Aber vielleicht hilft uns der zweite Absatz weiter:

(2) Jeder Deutsche hat nach seiner Eignung, Befähigung und fachlichen Leistung gleichen Zugang zu jedem öffentlichen Amte.

Eine wunderschöne Bestimmung, nicht wahr? Natürlich kommt es auf Ihre Eignung an. Geeignet sind vor allem Bewerber mit dem richtigen Parteibuch. Das muß man doch einsehen, daß jemand, der in die richtige Partei eintritt, in weitaus stärkerem Maße zeigt, daß er für öffentliche Ämter geeignet ist, als jemand, der einer obskuren Splittergruppe anhängt oder jemand, der nicht genügend Interesse am Staat zeigt, weil er sich aus den demokratischen Parteien fernhält.

Ich rede hier nicht nur vom verantwortungsvollen Posten eines Gemeinderates in Klein-Tekelsen, sondern von den nebensächlichen Jobs im öffentlichen Dienst, als Staatsanwalt, Regierungsrat oder beim Finanzamt.

Gut, selbst zur Spitzenzeit von Johannes Rau konnte jemand in Nordrhein-Westfalen Amtsbote werden, ohne ein SPD-Parteibuch zu besitzen. Und sogar unter der Herrschaft von Franz Josef Strauß durften SPD-Anhänger in Bayern Polizisten werden.

Im höheren, akademischen Dienst sieht das allerdings ganz anders aus. Da sind Parteilose die Ausnahme und Vertreter der falschen Partei vorzeigbare Feigenblätter.

Für die wichtigen Ämter in den höheren Etagen kommt noch die „Befähigung“ hinzu. Wer also fähig ist, die Gunst der Partei zu erwerben, wird von jenen Parteipolitikern, die in den höchsten Führungspositionen sitzen, erkennbar schneller befördert, als die weniger befähigten Mitmenschen.

In unserer „repräsentativen“ Demokratie sitzen an den entscheidenden Stellen immer Politiker – und die gehören selbstverständlich einer Partei an. Also, wenn Sie vorankommen wollen, sorgen Sie für Ihre Eignung und Befähigung, die fachliche Leistung kann der Ihnen vorgesetzte Polit-Fuzzi sowieso nicht beurteilen.

(3) Der Genuß bürgerlicher und staatsbürgerlicher Rechte, die Zulassung zu öffentlichen Ämtern sowie die im öffentlichen Dienst erworbenen Rechte sind unabhängig von dem religiösen Bekenntnis. Niemandem darf aus seiner Zugehörigkeit oder Nichtzugehörigkeit zu einem Bekenntnis oder einer Weltanschauung ein Nachteil erwachsen.

Das beruhigt uns doch ungemein? Die Zeiten, in denen das Geständnis „Ich bin Jude“ zu Nachteilen führte, sind somit ganz amtlich vorbei. Allerdings dürfen Sie heute auch keine Vorteile erwarten, wenn Sie bekennen: „Ich bin kein Jude“. Das finden wir sicher alle gut, oder?

In den Fünfzigern war es für die Zulassung zu öffentlichen Ämtern nicht ganz so gut, wenn Sie eine zu kommunistische Weltanschauung vertreten haben. Dafür gab es einmal einen extra „Radikalen-Erlaß“, um diese „linken Bazillen“ nicht auch noch mit „Staatsknete“ zu alimentieren.

Aber das ist lange her, heute dürfen Sie ein glühender Kommunist sein und einen eigenen Stalin-Altar im Wohnzimmer aufgebaut haben. Dank des Grundgesetzes hat heute niemand mehr etwas gegen internationale Sozialisten. Hängen Sie sich also ruhig Hammer und Sichel bzw. Hammer und Zirkel in den Garten, damit die jungen Leute sehen, wo der Hammer hängt, wenn die Weltrevolution endlich in die Gänge kommt.

Nationaler Sozialist sollten Sie allerdings nicht sein. Da stoßen Sie heute auf „Null Toleranz“. Schneiden Sie besser alle Hitler-Bilder aus Ihrem Lexikon, wenn Sie nicht als Verfassungsfeind gelten wollen (und fragen Sie nicht so dumm, von welcher Verfassung hier die Rede ist, Sie Nazischwein!).

Ja, wir sind alle Staatsbürger und wenn wir nicht die gerade die völlig falsche Weltanschauung haben sollten, erwachsen uns daraus keinerlei Nachteile.

(4) Die Ausübung hoheitsrechtlicher Befugnisse ist als ständige Aufgabe in der Regel Angehörigen des öffentlichen Dienstes zu übertragen, die in einem öffentlich-rechtlichen Dienst- und Treueverhältnis stehen.

Ja, dazu ist wenig zu sagen. Ihnen tritt also keine „Bordsteinschwalbe“ gegenüber, wenn Sie Ihr Auto an einer Stelle abgestellt haben, die der Stadtrat dafür nicht vorgesehen hat, und auch kein „Raubritter“, wenn Sie nachts um drei Uhr in der Tempo-30-Zone vor der Grundschule geblitzt wurden, sondern immer der Staat in seiner ganzen Hoheit. Und selbst, wenn dieser subalterne Staatsdiener Sie bis an die Grenze des Erträglichen schikaniert, Sie sprechen nicht mit „Fräulein Müller“ oder „Polizeiobermeister Maier“, sondern mit der personifizierten Staatsmacht. Also kuschen Sie gefälligst, das ist Ihre staatsbürgerliche Pflicht in der Demokratie.

Dafür steht der Staatsdiener auch in einem besonderen Treueverhältnis. So fliegt so ziemlich jeder Bonner Ministerialbeamte anstandslos und staatstreu zu seiner Drei-Tage-Arbeitswoche nach Berlin, um dort seine Dienstpflicht zu erfüllen. Montag und Freitag sind Reisetage, da können diese armen Leute leider nicht arbeiten, weil Sie an ihren Dienstort bzw. ihren Wohnort fliegen müssen.

Warum die Beamten nicht nach Berlin umziehen? Also irgendwo hat die Treue zum Staat auch ihre Grenzen, das müssen Sie verstehen. Berlin ist einfach... Ach, gehen Sie mal in eine Berliner Grundschule und versuchen, sich auf Deutsch zu verständigen. Dann wissen Sie, wieso die Beamtenfamilien lieber in Bonn bleiben.

(5) Das Recht des öffentlichen Dienstes ist unter Berücksichtigung der hergebrachten Grundsätze des Berufsbeamtentums zu regeln.

Richtig! Die Grundsätze sind schnell erklärt: der Beamte dient, soweit das mit seiner Menschenwürde etc. vereinbar ist, und der Staat kümmert sich um den Rest. Also Gehalt, Beförderung, Dienstwohnung, Krankenversorgung, Pension... Was ein absolutes Vollkasko-Beschäftigten-Verhältnis eben so erfordert.

Dafür leistet der Beamte auch alles, was in den Vorschriften so steht. Und falls ein Staatsbürger sich besonders erkenntlich zeigt, unter Umständen ein kleines bißchen mehr.

Unbestechliche Beamte gab es im Obrigkeitsstaat Preußen, heute geht man viel menschlicher miteinander um. Deshalb schafft es Deutschland auf der Liste der Länder mit der geringsten Korruption nicht einmal mehr unter die ersten zehn. Platz 16 ist bestimmt kein Ruhmesblatt für unseren Staat, unsere Beamten, unsere Regierung und unsere Volksvertreter.

Aber wir sind ja alle gleich, steht im Grundgesetz. Nur die Schweine sind gleicher, steht bei George Orwell.

Zu den Besonderheiten des Beamtenrechts gehört zweifellos auch der Artikel 34, der unsere Freunde im öffentlichen Dienst von gewissen Nickligkeiten freistellt:

Verletzt jemand in Ausübung eines ihm anvertrauten öffentlichen Amtes die ihm einem Dritten gegenüber obliegende Amtspflicht, so trifft die Verantwortlichkeit grundsätzlich den Staat oder die Körperschaft, in deren Dienst er steht. Bei Vorsatz oder grober Fahrlässigkeit bleibt der Rückgriff vorbehalten. Für den Anspruch auf Schadenersatz und für den Rückgriff darf der ordentliche Rechtsweg nicht ausgeschlossen werden.

Mit anderen Worten: Begeht der Beamte einen Fehler, ist immer der Staat schuld, sprich der Steuerzahler haftbar.

Diese Regelung soll den Beamten in seinen Entscheidungen absichern; denn nicht einmal ein Beamter kann alles wissen (auch wenn er gerne so tut). Deshalb kann sogar ein Beamter Fehler begehen. Anstatt ewig lange Fakten zu sammeln, um die Entscheidung bestmöglich abzusichern, soll der Beamte in vertretbarer Zeit entscheiden, selbst wenn sich im Nachhinein herausstellt, daß diese Entscheidung nicht ganz richtig war.

In der Praxis leben Beamte allerdings in der besten aller Welten. Sie können vom Bürger (= Antragsteller = unterwürfiger Bittsteller) alle Fakten anfordern (dokumentiert auf ganzen Stapeln von Formularen) und schließlich nach Gusto entscheiden. Sollte diese Entscheidung fehlerhaft zum Nachteil des

Bürgers ausfallen, steht diesem der Rechtsweg offen. Und was erwartet den Bürger auf dem Rechtsweg? Richtig! Haufenweise Beamte, die ihn mit Formularen und Vorschriften beglücken und tunlichst alle Ansprüche gegen den Staat abwehren.

Bedient sich der Beamte zur Entscheidungsfindung eines Würfels, so handelt er höchstens fahrlässig, wenn er nach dem Würfeln noch einmal kurz nachdenkt, ob dieses Würfelergebnis mit den Vorschriften zu vereinbaren wäre. Wenn ja, ist er generell aus dem Schneider.

Wenn nein, handelt er grob fahrlässig. Dann könnte er unter widrigen Umständen sogar in Rückgriff genommen werden, also Schadenersatz leisten müssen. Aber welcher Behördenchef läßt sich schon nachsagen, seine Untergebenen würden beispielsweise Baugenehmigungen auswürfeln? Da wäre womöglich noch er selbst mit seinem eigenen Vermögen...

Nein, so grob kann eine Fahrlässigkeit gar nicht sein.

Und bei Vorsatz? Selbst dann, wenn der Beamte vorsätzlich, also mit voller Absicht, seine Amtspflichten vernachlässigt, fordert das Grundgesetz nicht verbindlich die persönliche Haftung, sondern stellt das den Vorgesetzen oder dem Rechtsweg anheim.

Gut, vielleicht ist es nicht ganz so schön, wenn Sie als vormaliger Bauamtsleiter zukünftig den Bestand in den Besenkammern des Rathauses dokumentieren müssen, damit Sie vorsätzlich keinen weiteren Schaden mehr anrichten. Aber solange Sie als Bauamtsleiter bezahlt werden und niemand je eine Bestandsliste von Ihnen sehen will, kann Ihnen das doch egal sein.

Ja, eine Einschränkung gibt es. Ihr Name steht dann nicht mehr auf den Listen zahlreicher Firmen für regelmäßige Weihnachtsgeschenke. Sie wissen schon, Platz 16...

Länder am Gängelband

Sie wissen ja längst, daß die Bundesrepublik des vereinigten Deutschlands ein Bundesstaat ist, dessen 16 Bundesländer gerne und freiwillig beigetreten sind, damit ihre Landeskinder in alle Zukunft pflichtgetreue und begrenzt entmündigte Untertanen des Grundgesetzes sind.

Aber auch die Länder sind Vasallen des Zentralstaats und haben ihre Pflichten zu erfüllen, sonst lernen sie den Artikel 37 kennen:

(1) Wenn ein Land die ihm nach dem Grundgesetz oder einem anderen Bundesgesetze obliegenden Bundespflichten nicht erfüllt, kann die Bundesregierung mit Zustimmung des Bundesrates die notwendigen Maßnahmen treffen, um das Land im Wege des Bundeszwanges zur Erfüllung seiner Pflichten anzuhalten.

Den Begriff „Bundeszwang" haben Sie wahrscheinlich noch nie gehört. Wenn also Baden-Württemberg nicht mehr einsieht, daß eine halbe Million Bewohner von Bremen und Bremerhaven sich aufführen wie ein richtiges Bundesland und die fleißigen Badener und Schwaben dafür auch noch bezahlen sollen, dann lernt man in Stuttgart recht schnell, was Bundeszwang bedeutet.

Und ja, jeder Verstoß gegen ein einfaches Bundesgesetz kann zum Bundeszwang führen. Gut, der Bundesrat hat ein Veto-Recht, womöglich stimmen Bayern und Hessen dagegen, doch die Mehrheit der Länder entscheidet. Da es letztlich auch um deren Geld geht, ist die Mehrheit in diesem Fall natürlich dafür.

Wie der Bundeszwang aussieht, regelt der zweite Absatz:

(2) Zur Durchführung des Bundeszwanges hat die Bundesregierung oder ihr Beauftragter das Weisungsrecht gegenüber allen Ländern und ihren Behörden.

Das heißt, die Bundesregierung kann einem unbotmäßigen Land einen Gouverneur vor die Nase setzen, der eine Kolonialverwaltung aufbaut, natürlich auf dem Boden des Grundgesetzes.

Der Bundestag

(1) Die Abgeordneten des deutschen Bundestages werden in allgemeiner, unmittelbarer, freier, gleicher und geheimer Wahl gewählt. Sie sind Vertreter des ganzen Volkes, an Aufträge und Weisungen nicht gebunden und nur ihrem Gewissen unterworfen.

(2) Wahlberechtigt ist, wer das achtzehnte Lebensjahr vollendet hat; wählbar ist, wer das Alter erreicht hat, mit dem die Volljährigkeit eintritt.

(3) Das Nähere bestimmt ein Bundesgesetz.

Auf den zweiten Absatz brauche ich nicht einzugehen, dafür möchte ich mich über den dritten Absatz zum ersten vorarbeiten.

Das Nähere zur Wahl der Abgeordneten regelt ein Bundesgesetz, das die Abgeordneten des Bundestages zu ihrem eigenen Vorteil erlassen. Gut, das mit dem eigenen Vorteil habe ich dazu geschrieben, aber glauben Sie wirklich, daß die Abgeordneten etwas beschließen, was sich für sie selbst nachteilig auswirkt?

Wenn Sie dem freundlichen Herrn von der Müllabfuhr, der eine Dose alter Farbe „übersieht" und sie dem Müllheizkraftwerk zukommen läßt, dafür ein Päckchen Zigaretten zustecken, sind Sie haarscharf an der Grenze zur Bestechung. Aber wenn Sie einem Bundestagsabgeordneten, der dafür gesorgt hat, daß Ihre Firma eine Anzahl Müllheizkraftwerke bauen darf (und nur Ihre, weil die Konkurrenz leider nicht die Umweltauflagen des Bundestages erfüllen kann), 100.000 Euro zustecken, ist das völlig legal. Nur wenn Sie das Geld vor der Abstimmung über den Tisch schieben, wäre es Bestechung. Aber das sagt Ihnen der Abgeordnete schon, der weiß das.

Damit kleine Parteien nicht an den Pfründen etablierter Politiker knabbern, wurde per Bundesgesetz die Fünf-Prozent-Hürde eingeführt. Damit auch ja die Partei bestimmt, wer ins Parlament darf, und nicht irgendwelche Volkstribunen die Mandate erobern, entscheidet die Zweitstimme, wie stark die Partei wird, und sorgt zugleich dafür, daß die wichtigen Parteifunktionäre über die Liste auf jeden Fall zu ihrem Mandat kommen. Und damit wirklich jeder Abgeordnete, der einen Wahlkreis erobert, auch im Parlament landet, ohne den Parteien-Proporz auszuhebeln, gibt es ein kompliziertes System von Überhang- und Ausgleichsmandaten.

Nachdem also Bundesgesetze dafür sorgen, daß bei der allgemeinen, unmittelbaren, freien, gleichen und geheimen Wahl ausschließlich Parteibonzen in die Parlamente gelangen, sind die Abgeordneten dort nicht etwa Vertreter ihrer jeweiligen Partei, sondern Vertreter des ganzen Volkes, an Aufträge und Weisungen nicht gebunden und nur ihrem Gewissen unterworfen.

Sollte ein Abgeordneter eine Parteientscheidung mit seinem Gewissen nicht vereinbaren können und, da nicht weisungsgebunden, gegen die eigene Partei stimmen, kann er sich darauf verlassen, daß ihn bei der nächsten Wahl, wenn sich seine Partei verweigert, ganz bestimmt sein Gewissen aufstellen und erneut zum Mandat verhelfen wird. Allerdings ist mir nie aufgefallen, daß ich bei einer Wahl meine Zweitstimme der Liste des Gewissens geben konnte.

Kontrolle?

Das wichtigste Kontrollrecht des Bundestages besteht in der Einsetzung von Untersuchungsausschüssen, die Fehler der Regierung unter die Lupe nehmen. Wie die „Visaaffäre" gezeigt hat – falls Sie sich nicht mehr erinnern: da ging es um Verfehlungen eines berufslosen Schulabbrechers, der als Bundesaußenminister die leichthändige Vergabe von Einreise-Visa nach Detuschland in der Ukraine ermöglicht hatte –, bringen solche Untersuchungsausschüsse vor allem einen großen Presserummel, aber nur ganz selten greifbare Ergebnisse.

Meistens setzt die Opposition einen solchen Untersuchungsausschuß ein, um ein paar Schlagzeilen gegen die Regierung zu produzieren. Allerdings erfordert dies laut Artikel 44 eine ausreichend große Opposition:

(1) Der Bundestag hat das Recht und auf Antrag eines Viertels seiner Mitglieder die Pflicht, einen Untersuchungsausschuß einzusetzen, der in öffentlicher Verhandlung die erforderlichen Beweise erhebt. Die Öffentlichkeit kann ausgeschlossen werden.

Ein solcher Untersuchungsausschuß entspricht einer parlamentarischen Gerichtssitzung. Falls „Staatsgeheimnisse" berührt werden – oder die Abgeordneten den Blick über die Schulter schlicht lästig finden – wird die Öffentlichkeit, also das Volk, der eigentliche Souverän des Staates, von diesen Sitzungen ausgeschlossen.

Die Ähnlichkeit zu einem Prozeß zeigen die nächsten Absätze auf:

(2) Auf Beweiserhebungen finden die Vorschriften über den Strafprozeß sinngemäß Anwendung. Das Brief-, Post- und Fernmeldegeheimnis bleibt unberührt.

Während bei einem einfachen Untertanen gerne die Korrespondenz überwacht und durchgesehen wird, ist das bei den Damen und Herren Abgeordneten natürlich ausgeschlossen. Es wäre ja schlimm, wenn, nur weil ein paar Milliarden Bundesvermögen verschleudert wurden, bei dem Untersuchungsausschuß herauskäme, daß der verantwortliche Minister neben seiner Ehefrau vier Geliebte und sechs uneheliche Kinder besitzt. Soviel Privatleben muß sein. Nur eben nicht bei Ihnen.

(3) Gerichte und Verwaltungsbehörden sind zur Rechts- und Amtshilfe verpflichtet.

Jede Behörde und jedes Gericht muß folglich dem Untersuchungsausschuß zuarbeiten, also Akten und andere Unterlagen herausgeben. Schließlich muß die Opposition ja wissen, was sie der Regierung vorwerfen kann.

(4) Die Beschlüsse der Untersuchungsausschüsse sind der richterlichen Erörterung entzogen. In der Würdigung und Beurteilung des der Untersuchung zugrundeliegenden Sachverhaltes sind die Gerichte frei.

Was der Untersuchungsausschuß beschließt, kann also ein Gericht nicht mehr revidieren. Nur das, was zuvor angestellt wurde, das unterliegt noch der dritten Gewalt im Land, der Justiz.

Wenn also der Herr Bundesminister vom Untersuchungsausschuß in die Mangel genommen wurde und zurücktreten muß, kann er nicht dagegen klagen. Aber gegen ihn kann unter Umständen geklagt werden, wegen der verlorenen Milliarden, wegen persönlicher Vorteilsnahme... Zuerst muß natürlich seine Immunität aufgehoben werden – und die Gerichte müssen ein öffentliches Interesse an so einer Klage erkennen.

Bei der Gründung der BRD gab es einmal ein richtiges Kontrollgremium, dessen Rechte im alten Artikel 45 festgelegt worden sind:

(1) Der Bundestag bestellt einen ständigen Ausschuß, der die Rechte des Bundestages gegenüber der Bundesregierung zwischen zwei Wahlperioden zu wahren hat. Der ständige Ausschuß hat auch die Rechte eines Untersuchungsausschusses.

(2) Weitergehende Befugnisse, insbesondere das Recht der Gesetzgebung, der Wahl des Bundeskanzlers und der Anklage des Bundespräsidenten stehen dem ständigen Ausschuß nicht zu.

Ursprünglich gab es also zwischen zwei Wahlperioden, wenn der alte Bundestag aufgelöst worden ist, der neue sich aber noch nicht konstituiert hat, einen Ausschuß, der unserer Bundesregierung auf die Finger geschaut und sogar die Rechte eines Untersuchungsausschusses besessen hatte.

Das heißt, zwischen den Wahlperioden trat ein Ausschuß zusammen, der Vorfälle und Unregelmäßigkeiten aus der gerade ablaufenden Legislaturperiode untersuchen konnte. Die Angehörigen des ständigen Ausschusses genossen durch den inzwischen abgeschafften Artikel 49 die gleichen Immunitätsrechte wie die Abgeordneten des Bundestages.

Aber das war offensichtlich zuviel Kontrolle, denn dieses Gremium gibt es nicht mehr, der Artikel 45 lautet heute:

Der Bundestag bestellt einen Ausschuß für die Angelegenheiten der Europäischen Union. Er kann ihn ermächtigen, die Rechte des Bundestages gemäß Artikel 23 gegenüber der Bundesregierung wahrzunehmen.

Anstatt sich mit dem Bundestag herumzuschlagen, wird also ein besonderer Ausschuß aus handverlesenen Parteisoldaten gebildet, der das Recht hat, stellvertretend für den ganzen Bundestag Hoheitsrechte an die Europäische Union zu übertragen.

Und weil die Arbeit mit Ausschüssen viel einfacher ist, gibt es laut Artikel 45a einen Ausschuß für auswärtige Angelegenheiten und einen solchen für Verteidigung. Mit so nebensächlichen Angelegenheiten belästigt man doch nicht den ganzen Bundestag, oder?

Artikel 45b bestellt einen Wehrbeauftragten für die „parlamentarische" Kontrolle der Streitkräfte. Und Artikel 45c setzt einen Petitionsausschuß ein, damit nicht jeder Antrag und jede Beschwerde der Bürger vom ganzen Parlament verhandelt wird.

Damit die Ausschüsse nicht zuviel Ausschuß produzieren, regelt die Einzelheiten natürlich ein Bundesgesetz. Zuviel Kontrolle wäre auch unangebracht, nicht wahr? Da begrenzt man doch gerne ihre Befugnisse. Dafür hat die Regierung doch ihre Mehrheit.

Bundesrat

In Ordnung, ich gebe zu, dieses Kapitel dient nur der Vollständigkeit. Der Bundesrat beteiligt die Länder bei der Gesetzgebung, der Verwaltung des Bundes und bei Angelegenheiten der europäischen Union.

Die Mitglieder des Bundesrates werden von den Landesregierungen bestimmt und sind an die Weisungen ihrer Regierung gebunden. Nicht im Grundgesetz steht, daß alle Vertreter eines Landes dasselbe Votum abgeben müssen. Das führt bei Koalitionsregierungen in den Ländern dazu, daß sich die Vertreter im Bundesrat der Stimme enthalten müssen, wenn die Koalitionspartner (also die Parteien) sich uneins sind.

Die Zahl der jeweiligen Vertreter war 1949 (Artikel 51):

(2) Jedes Land hat mindestens drei Stimmen. Länder mit mehr als zwei Millionen Einwohner haben vier, Länder mit mehr als sechs Millionen Einwohner fünf Stimmen.

Heute sind es mehr Stimmen geworden:

(2) Jedes Land hat mindestens drei Stimmen, Länder mit mehr als zwei Millionen Einwohnern haben vier, Länder mit mehr als sechs Millionen Einwohnern fünf, Länder mit mehr als sieben Millionen Einwohnern sechs Stimmen.

Im Bundesrat stimmen aber nicht Personen ab, sondern Bundesländer. Das heißt, die Landesregierungen lassen dort ihre Vertreter so abstimmen, wie es zu Hause festgelegt worden ist. Reden vor dem Bundesrat sind also noch weitaus stärker reine Unterhaltungsdarbietungen, die nichts bewirken, weil die scheinbaren Adressaten in ihrer Stimmabgabe längst festgelegt sind, als Reden vor dem Bundestag.

Der Bundespräsident

Im Artikel 54 wird festgelegt, wer zum Bundespräsidenten gewählt werden darf:

(1) Der Bundespräsident wird ohne Aussprache von der Bundesversammlung gewählt. Wählbar ist jeder Deutsche, der das Wahlrecht zum Bundestage besitzt und das vierzigste Lebensjahr vollendet hat.

Das im Vorfeld ausgekungelte Ergebnis ist dann meist ein älterer Herr, der seine besten Tage hinter sich hat, und noch einen schönen, eindrucksvollen Posten bekommt, auf dem er wenig Schaden anrichten kann.

Der Bundespräsident muß laut Artikel 55 ein paar Auflagen erfüllen, die jeder Abgeordnete von sich weisen würde:

(1) Der Bundespräsident darf weder der Regierung noch einer gesetzgebenden Körperschaft des Bundes oder eines Landes angehören.

(2) Der Bundespräsident darf kein anderes besoldetes Amt, kein Gewerbe und keinen Beruf ausüben und weder der Leitung noch dem Aufsichtsrate eines auf Erwerb gerichteten Unternehmens angehören.

Mit anderen Worten: er soll nichts anderes tun, als sein Präsidentenamt auszuüben, abgesehen von Ehrenämtern. Bundesvorsitzender des Vereins der Kanarienvogelzüchter darf er gerne bleiben.

Dafür bekommt er ein Amtsgehalt, das nach seinem Ausscheiden in voller Höhe bis ans Lebensende als „Ehrensold" weiterläuft. Der Bundespräsident hat folglich ausgesorgt. Und weil jede Partei glücklich ist, daß ein ehemaliger Präsident ihren Reihen angehört, kann sich ein Richard von Weizsäcker auch leisten, keine CDU-Beiträge mehr zu bezahlen.

Besonders viel darf der Bundespräsident nicht, er ist gewissermaßen von Amts wegen ein unmündiges Kind, das die Zustimmung seiner Eltern benötigt (Artikel 58):

Anordnungen und Verfügungen des Bundespräsidenten bedürfen zu ihrer Gültigkeit der Gegenzeichnung durch den Bundeskanzler oder durch den zuständigen Bundesminister. Dies gilt nicht für die Ernennung und Entlassung des Bundeskanzlers, die Auflösung des Bundestages gemäß Artikel 63 und das Ersuchen gemäß Artikel 69 Absatz 3.

Während der frühere Reichspräsident noch Notverordnungen erlassen konnte und in gewisser Weise diktatorische Rechte hatte, darf der Bundespräsident hauptsächlich repräsentieren. Er dient als Staatsoberhaupt, sarkastisch formuliert: als „Grüßaugust", der unterschreibt, was andere Leute ihm vorlegen.

Allerdings kann der Bundespräsident der Regierung gehörig Sand ins Getriebe werfen, wenn er nicht als Stehaufmännchen brav abnickt, was ihm untergeschoben wird.

Im Artikel 60 stehen Absätze, welche die Grenzen und zugleich die Macht des Präsidenten aufzeigen:

(1) Der Bundespräsident ernennt und entläßt die Bundesrichter, die Bundesbeamten, die Offiziere und Unteroffiziere, soweit gesetzlich nichts anderes bestimmt ist.

(2) Er übt im Einzelfalle für den Bund das Begnadigungsrecht aus.

(3) Er kann diese Befugnisse auf andere Behörden übertragen.

Der Präsident ernennt und entläßt – aber nicht aus eigenem Entschluß, sondern worauf die Parteien sich geeinigt haben. Natürlich wird nicht jeder Leutnant und jeder Amtsbote seine Ernennung persönlich durch den Bundespräsidenten erhalten, dafür sind untergeordnete Behörden zuständig.

Das Begnadigungsrecht hingegen obliegt vollständig seiner eigenen Entscheidung. Er kann zwar politische Rücksichten nehmen, aber hier ist er ganz allein berechtigt, Begnadigungen auszusprechen, ohne Genehmigungen von dritter Seite.

Aber auch ein Bundespräsident kann nach Artikel 61 abgesetzt werden:

(1) Der Bundestag oder der Bundesrat können den Bundespräsidenten wegen vorsätzlicher Verletzung des Grundgesetzes oder eines anderen Bundesgesetzes vor dem Bundesverfassungsgericht anklagen. Der Antrag auf Erhebung der Anklage muß von mindestens einem Viertel der Mitglieder des Bundestages oder einem Viertel der Stimmen des Bundesrates gestellt werden. Der Beschluß auf Erhebung der Anklage bedarf der Mehrheit von zwei Dritteln der Mitglieder des Bundestages oder von zwei Dritteln der Stimmen des Bundesrates. Die Anklage wird von einem Beauftragten der anklagenden Körperschaft vertreten.

(2) Stellt das Bundesverfassungsgericht fest, daß der Bundespräsident einer vorsätzlichen Verletzung des Grundgesetzes oder eines anderen Bundesgesetzes schuldig ist, so kann es ihn des Amtes für verlustig erklären. Durch einstweilige Anordnung kann es nach der Erhebung der Anklage bestimmen, daß er an der Ausübung seines Amtes verhindert ist.

Das heißt, nicht einmal ein Bundespräsident darf ungestraft eine Bank überfallen, denn das wäre ein vorsätzlicher Verstoß gegen ein Bundesgesetz.

Aber es heißt noch mehr: Der Bundespräsident unterliegt allen Einschränkungen der Grundrechte durch Bundesgesetze, denen Sie ebenfalls unterliegen. Nicht einmal der Bundespräsident hat das Recht auf uneingeschränkte freie Meinungsäußerung.

Aber natürlich ist der Bundespräsident ein vielfach gesiebter Parteifunktionär, der... funktioniert. Sie werden nicht deswegen Bundespräsident, weil Sie ein freier und unabhängiger Denker sind, sondern weil Sie sich in Ihrer Partei so hervorragend profiliert haben, daß man Ihnen völlig vertraut, auch im höchsten Staatsamt.

Allerdings muß der Bundespräsident nicht vor ein Amtsgericht mit einer jungen, unerfahrenen Amtsrichterin treten, die sich für höhere Ämter empfehlen möchte, sondern über ihn bestimmt das Bundesverfassungsgericht, in dem die besten, vielfach gesiebten Richter versammelt sind, die der Parteienproporz in dieser Republik zuläßt.

Der Bundeskanzler

Fast allen Bundeskanzlern hat der Volksmund einen Spitznamen angehängt. Zuerst kam „der Alte", dann „der Dicke". Kurt-Georg hatte das Amt zu kurz, um einen wirklichen Spitznamen zu bekommen, das gelang erst wieder seinem Nachfolger „Willy Weinbrandt". Ihm folgte ein „Weltökonom", den das Volk „den Macher" nannte. Sein Nachfolger war zwar schwerer als „der Dicke", aber das Volk nannte ihn doch lieber „Birne" oder „den Aussitzer". Ihm folgte der „Basta-Kanzler", der in seiner Frühzeit noch „Brioni-Kanzler" genannt worden war. Aktuell haben wir die „Miss World" (laut einer Boulevard-Zeitung) oder die „Miss Erfolg" (laut ihren Internet-Kritiken).

Wozu ist so ein Kanzler überhaupt da? Das Grundgesetz sagt in Artikel 65:

Der Bundeskanzler bestimmt die Richtlinien der Politik und trägt dafür die Verantwortung. Innerhalb dieser Richtlinien leitet jeder Bundesminister seinen Geschäftsbereich selbständig und unter eigener Verantwortung. Über Meinungsverschiedenheiten zwischen den Bundesministern entscheidet die Bundesregierung. Der Bundeskanzler leitet ihre Geschäfte nach einer von der Bundesregierung beschlossenen und vom Bundespräsidenten genehmigten Geschäftsordnung.

Modern ausgedrückt, ist der Bundeskanzler der „CEO" der Bundesregierung, der als Chef zwar überall hineinreden darf, aber von nichts wirklich eine Ahnung haben muß. Der vorletzte Kanzler etikettierte sich euphemistisch als „Generalist", was diese Tatsache sehr schön umschreibt: Der Kanzler ist derjenige, der von allem am wenigsten weiß.

Nur, leider, wird der Bundeskanzler im Kriegsfall wirklich wichtig, denn da wird er zum militärischen Oberbefehlshaber. Oder sie, sollte die Miss Erfolg dann noch im Amt sein.

Das Grundgesetz ist zu Kanzler und Ministern jedoch viel großzügiger als zum Bundespräsidenten, denn Artikel 66 erlaubt diesen Herrschaften:

Der Bundeskanzler und die Bundesminister dürfen kein anderes besoldetes Amt, kein Gewerbe und keinen Beruf ausüben und weder der Leitung noch ohne Zustimmung des Bundestages dem Aufsichtsrate eines auf Erwerb gerichteten Unternehmens angehören.

Mit Zustimmung des Bundestages, also der Mehrheitsfraktion oder der Koalition, die ohnehin die Regierung stellt, dürfen Kanzler und Minister immerhin noch Mandate im Aufsichtsrat von Unternehmen wahrnehmen.

Gut, sie dürfen nicht im Vorstand sitzen, aber wenn der Verkehrsminister ganz legal im Aufsichtsrat eines Bahnzulieferers sitzt, ist er dort bestimmt jeden Cent seiner Aufwandsentschädigung wert.

Ich gebe zu, ich habe mich immer gewundert, wieso der Vizekanzler immer zugleich ein Minister ist, dabei hätte ich bloß ins Grundgesetz schauen müssen, in Artikel 69:

(1) Der Bundeskanzler ernennt einen Bundesminister zu seinem Stellvertreter.

Aber das würde nicht wirklich stören. Wenn der Kanzler einen „Minister ohne Geschäftsbereich" ernennt, oder eben einen „Minister für Sonderaufgaben", darf der Kanzler-Stellvertreter werden, ohne ein wirkliches Ministerium am Hals zu haben. Man muß das Kind nur richtig taufen, dann geht alles.

Die Minister sind übrigens nach dem zweiten Absatz auf ihren Kanzler angewiesen:

(2) Das Amt des Bundeskanzlers oder eines Bundesministers endigt in jedem Falle mit dem Zusammentritt eines neuen Bundestages, das Amt eines Bundesministers auch mit jeder anderen Erledigung des Amtes des Bundeskanzlers.

Also, stürzt der Kanzler, stürzen auch die Minister und stehen plötzlich ohne Dienstwagen da. Deshalb lieben die Minister auch ihren Kanzler so heiß und innig. Es sei denn, der nächste Kanzler verspricht ihnen, daß sie Minister bleiben dürfen. Dann zücken sie schon mal die Säge für den Kanzlersessel.

Bundesrecht

Hier zeigt sich wieder einmal die föderale Grundordnung des Staates, wonach die Länder alles dürfen, was ihnen der Bund nicht explizit verbietet. Das regelt der Artikel 70:

(1) Die Länder haben das Recht der Gesetzgebung, soweit dieses Grundgesetz nicht dem Bunde Gesetzgebungsbefugnisse verleiht.

(2) Die Abgrenzung der Zuständigkeit zwischen Bund und Ländern bemißt sich nach den Vorschriften dieses Grundgesetzes über die ausschließliche und die konkurrierende Gesetzgebung.

Zur Gesetzgebung folgen noch eine Menge weiterer Artikel, die sich alle recht langweilig lesen. Sollte Sie der komplette Wortlaut interessieren, schauen Sie bitte im Gesetzestext nach. Ich beschränke mich darauf, die Artikel zu kommentieren.

Die Länder dürfen also Gesetze verabschieden. Jetzt brauchen Sie nicht zu befürchten, daß Sie in Niedersachsen einem anderen Recht unterliegen als in Thüringen, denn die Landesgesetze sind sich ziemlich ähnlich. Es gibt jedoch gewisse Details, die im Einzelfall durchaus interessant werden, weil sie Ihnen Geld kosten.

Es gibt Bundesländer, in denen darf ein Maurermeister einfache Baupläne zeichnen, also der Maurermeister, der den Bau auch ausführt und für den Plan womöglich gar nichts verlangt, weil er bei den Bauarbeiten sein Geld verdient. Im anderen Bundesland brauchen Sie für jeden unterkellerten PKW-Standplatz (auch als „Car-Port“ bekannt) einen Architekten, der dafür natürlich die Hand aufhält.

Landesrecht schreibt Ihnen vor, wie viele Legehennen Sie in einem Hamsterkäfig halten dürfen und in welcher Form das lokale Käseblatt eine Gegendarstellung bringen muß. Sollten Sie jedoch als Drogendealer in Hamburg wesentlich kulanter behandelt werden als in München, liegt das nicht an den Landesgesetzen, sondern an der Mentalität der jeweiligen Richter.

Bei den meisten Bereichen, in denen der Bund die alleinige Gesetzgebungskompetenz besitzt, erschließen sich durch kurzes Nachdenken.

Natürlich regelt der Bund die auswärtigen Angelegenheiten, die Verteidigung, die Staatsangehörigkeit, das Paßwesen, die Ein- und Auswanderung und die bereitwillige Auslieferung von Bundesbürgern an die Justiz fremder Länder.

Seit der Reichsgründung 1871 schreibt das Reich bzw. der Bund vor, mit welchen Scheinen und Münzen wir bezahlen dürfen. Ohne diese Vorschrift hätte sich der Euro wohl kaum durchgesetzt. Vor der Reichsgründung gab es in den damaligen Ländern unterschiedliche Maß- und Gewichtseinheiten. Sie konnten damals in die Bahn steigen, ein paar Stunden fahren und schon waren Sie fünf Pfund leichter. Heute hingegen müssen Sie mit Ihren Kilos leben, denn das Pfund ist zwar vereinheitlicht, aber trotzdem abgeschafft.

Im Bundesrecht und einstmals sogar im Bundeseigentum stehen der Luftverkehr, die Eisenbahnen, das Postwesen und die Telekommunikation. Mit der „Volksaktie" Telekom wurden Sie also direkt vom Bund abgezockt, vom Bundeskanzler als verantwortlichem Chef. Sie haben sich doch bestimmt dafür bedankt? Ach ja, die Kanzler sind abgewählt und genießen ihre Pension und diverse Nebeneinkünfte. Die sind ja auch unabhängig von der T-Aktie.

Beim großen Feld der konkurrierenden Gesetzgebung gilt das Spiel: Der Mensch denkt (also das Bundesland erstellt ein Gesetzeswerk) und Gott lenkt (der Bund entscheidet, daß er das lieber selbst regelt). Bundesrecht bricht nun mal das Landesrecht, also dürfen die Länder die Dinge solange regeln, bis der Bund beschließt, daß er es besser kann.

„Eigentlich" wären das bürgerliche Recht, das Strafrecht und der Strafvollzug, die Gerichtsverfassung, das gerichtliche Verfahren, die Rechtsanwaltschaft, das Notariat und die Rechtsberatung Ländersache, meint das Grundgesetz. Aber keine Sorge, das Bürgerliche Gesetzbuch, das Strafgesetzbuch, die Strafprozeßordnung usw. sind längst bundeseinheitlich geregelt. Die Länder dürfen höchstens noch entscheiden, wer Notar werden darf. Wozu man jedoch einen Notar braucht, ist wieder einheitlich. Mit anderen Worten: auf so ziemlich jedem Gebiet, in dem ursprünglich der Bund die Länder nur ergänzen sollte, hat inzwischen der Bund die Hoheit an sich gerissen. Bundesrecht bricht eben Landesrecht.

1949 stand im Grundgesetz auch noch, daß die konkurrierende Gesetzgebung sich mit dem Schutz deutschen Kulturgutes gegen Abwanderung in das Ausland befassen soll und mit der Staatsangehörigkeit in den Ländern. Aber das ist längst Geschichte. Zwar steht in den Landesverfassungen (ja, die Bundesländer haben eine echte Verfassung, keinen Verfassungsersatz in Form eines Grundgesetzes) immer noch, wer Staatsangehöriger des Landes ist, aber das ist nur ein historisches Überbleibsel. Da das Paßwesen sowieso Bundesangelegenheit ist, bekomme ich leider niemals einen Paß als bayerischer Staatsbürger.

Vor der Föderalismusreform, der jüngsten Grundgesetzänderung, hatte der Bund noch das Recht, Rahmenvorschriften für die Gesetzgebung der Länder zu erlassen.

Aber noch immer wird viel zur Vereinheitlichung der Behörden getan. Es geht ja nicht an, daß ein Regierungsrat in Brandenburg etwas völlig anderes ist als ein Regierungsrat in Rheinland-Pfalz. Deshalb wäre es bloßes Wahlkampfgetöse, wenn ein schwäbischer Ministerpräsident behauptet, bei ihm sei ein einfacher Amtsbote so qualifiziert wie ein hanseatischer leitender Regierungsdirektor. Da bleiben wir doch lieber alle im Rahmen, oder?

Wie ein Gesetz entsteht

Das haben Sie bestimmt ebenfalls im Sozialkundeunterricht gehört. Aber das ist solange her... Das Verfahren gehört zwar nicht zu den Kuriositäten, aber ich finde, die Beschreibung dieser Vorschriften gehört in ein Buch wie dieses.

Der Artikel 76 regelt das Grundsätzliche:

(1) Gesetzesvorlagen werden beim Bundestage durch die Bundesregierung, aus der Mitte des Bundestages oder durch den Bundesrat eingebracht.

1949 lautete der zweite Absatz noch so:

(2) Vorlagen der Bundesregierung sind zunächst dem Bundesrate zuzuleiten. Der Bundesrat ist berechtigt, innerhalb von drei Wochen zu diesen Vorlagen Stellung zu nehmen.

Inzwischen ist dieser Absatz auf den sechsfachen Umfang angewachsen, weil dank der mittlerweile wesentlich verbesserten Kommunikationsmöglichkeiten drei Wochen nicht mehr ausreichen. Deshalb sind es in der Regel sechs Wochen, wobei der Bundesrat eine Fristverlängerung oder die Bundesregierung eine Dringlichkeit beantragen kann. Mit anderen Worten: 1949 müssen die Bundesländer fleißiger und entscheidungsfreudiger gewesen sein als heute, nach fast 60 Jahren Bürokratieabbau.

Auch beim dritten Absatz wird 1949 das Wichtigste gesagt:

(3) Vorlagen des Bundesrates sind dem Bundestage durch die Bundesregierung zuzuleiten. Sie hat hierbei ihre Auffassung darzulegen.

Dieser Absatz ist ebenfalls auf den sechsfachen Umfang angewachsen und mit Fristen versehen worden. Die Väter des Grundgesetzes glaubten wahrscheinlich, daß die Politiker fair und zum Wohle des Staates miteinander umgehen. In der Folgezeit wurden jedoch Parteiinteressen über das Wohl des Staates gestellt. Sowohl die „Roten" als auch die „Schwarzen" haben den Bundesrat als Blockadeinstrument wider die Mehrheit der Gegenpartei im Bundestag eingesetzt. Das Ergebnis finden wir im Grundgesetz. Wenn Sie Lust haben, wieder einmal den Kopf zu schütteln, lesen Sie nach. An der Vorgehensweise selbst hatten die Parteipolitiker jedoch nichts auszusetzen, die entspricht den Vorgaben von 1949.

Um es zusammenzufassen: Die Bundesregierung muß ihre Gesetzesvorlagen zunächst dem Bundesrat zuleiten, damit die Länder sich dazu äußern können. Die Länder hingegen schicken ihre Vorlagen an die Regierung, die diese kommentiert und in den Bundestag einbringt.

Wenn also der Abgeordnete Dr. Volker Müller ein Gesetz vorschlägt, geht das an die Regierung, gelangt in den Bundesrat, wird dort zerredet, kommt zurück an die Regierung, wird dem Bundestag vorgelegt, dort zerredet und schließlich wird darüber abgestimmt. Es gibt also keine spontane Gesetzgebung.

Das Zerreden dient natürlich dazu, daß Zeit zum Nachdenken bleibt, also die Damen und Herren die Vor- und Nachteile abwägen können. Die Damen und Herren Lobbyisten, natürlich. Denn ein Abgeordneter kommt vor lauter Arbeit (und Nebentätigkeiten) gar nicht dazu, ein Gesetz abzuwägen. Wenn er nicht dem jeweiligen Fraktionsausschuß angehört, also von seiner Partei für würdig erachtet hat, besitzt er auch gar nicht die Kompetenz, über ein solches Gesetz zu befinden. Er gibt seine Stimme ab, so wie die Fraktion es für richtig hält.

Tja, und wenn dann alle Fachleute mitgeredet haben (und die bei Abgeordneten völlig legalen Anerkennungspräsente für die erfolgreiche Abstimmung ausgehandelt worden sind), darf der Bundestag loslegen, laut Artikel 77.

(1) Die Bundesgesetze werden vom Bundestage beschlossen. Sie sind nach ihrer Annahme durch den Präsidenten des Bundestages unverzüglich dem Bundesrate zuzuleiten.

Der Bundestag beschließt das, was die Regierung möchte. Denn die Regierung ist ja nur deswegen Regierung, weil sie im Bundestag die Mehrheit besitzt. Folglich sind Regierung und Bundestag eine Einheit, auch wenn die reine Lehre der Demokratie von geteilten Gewalten spricht. Allerdings ist es nicht „die Regierung“, die hier die Fäden zieht, denn alle Regierungsmitglieder verdanken ihren Posten ihrer Partei. Die Gesetzesvorlagen erarbeitet zwar die Ministerialbürokratie, die Initiative, also die geistige Urheberschaft, erfolgt aber durch die jeweilige Partei.

Laut Artikel 21 wirken die Parteien bei der politischen Willensbildung des Volkes bloß mit, in Wirklichkeit sind sie es jedoch, die das Volk regieren.

Ich möchte deshalb das reale Gesetzgebungsverfahren schildern, bevor ich an Hand des Grundgesetzes den weiteren Ablauf beschreibe.

Angenommen, jemand in Schleswig-Holstein möchte ein Bundesgesetz, weil Bayern ständig Gammelfleisch nach Berlin zur Dönerproduktion liefert. Wenn dieser Jemand eine Frau Elsa Schmidtmeyer ist, von der noch nie jemand gehört hat, dann hat sich der Gesetzesvorschlag erledigt, weil lästige Ansinnen von Bürgern weder Land- noch Bundestagsabgeordnete interessieren.

Ist Frau Schmidtmeyer aber ein Mitglied des Landespräsidiums der CDU bzw. SPD, kann sie ihre Partei vielleicht doch überreden, das Gesetz in Angriff zu nehmen. Die Partei, nicht irgendeine demokratisch gewählte Bürgervertretung.

Die Partei hat drei Möglichkeiten: entweder sie geht über den Bundestag, oder über die Bundesregierung, oder über den Bundesrat. Aber natürlich werden sich die Nordlichter an der Alpenfestung die Köpfe einrennen, wenn sie überfallartig ihre Gesetzesinitiative starten.

Als nächstes diskutiert das Bundespräsidium der Partei darüber, ob man es denn tun solle. In diesem Fall gibt es keine Probleme, denn die SPD ist in Bayern generell unschuldig, weil sie dort 2007 goldenes Oppositionsjubiläum feiern darf. Und die CDU hat auch keine Einwände, denn in Bayern regiert die CSU und die wird erst viel später gefragt werden. Es sieht also gut aus für Frau Schmidtmeyer und Schleswig-Holstein.

Jetzt muß man sich nur noch mit dem Koalitionspartner einigen, ob der ebenfalls an einem solchen Gesetz interessiert ist. Wenn sich SPD und CDU einig sind, dann kann man langsam die

Freunde von der CSU informieren, daß ihnen in Kürze ein wunderhübsches Gesetzes-Ei ins Nest gelegt werde.

Jetzt kommt es darauf an, wer sich profilieren möchte. Wird demnächst in Schleswig-Holstein gewählt, geht das Gesetz, das schon mit allen relevanten Personen abgestimmt ist, in den Bundesrat und wird dort als Gesetzesinitiative über die längst informierte Bundesregierung mit ein paar Kommentaren an den längst informierten Bundestag weitergeleitet.

Braucht die SPD Stimmen, darf die SPD das als Fraktion vorschlagen. Und möchte man die CSU ihr Gesicht wahren lassen, darf der Verbraucherschutzminister von der CSU diesen Gesetzesvorschlag einbringen.

Inzwischen ist ein halbes Jahr vergangen, Industrie, Landwirtschaft, Fleischgroßhändler und eventuell der eine oder andere Zentralrat haben ihre Wünsche eingebracht und die Ministerialbürokraten haben alles so formuliert, daß es schön klingt, aber kaum jemand versteht.

Jetzt ist das alles im Bundestag beschlossen und das Gesetz nimmt seinen Gang:

(2) Der Bundesrat kann binnen drei Wochen nach Eingang des Gesetzesbeschlusses verlangen, daß ein aus Mitgliedern des Bundestages und des Bundesrates für die gemeinsame Beratung von Vorlagen gebildeter Ausschuß einberufen wird. Die Zusammensetzung und das Verfahren dieses Ausschusses regelt eine Geschäftsordnung, die vom Bundestag beschlossen wird und der Zustimmung des Bundesrates bedarf. Die in diesen Ausschuß entsandten Mitglieder des Bundesrates sind nicht an Weisungen gebunden. Ist zu einem Gesetze die Zustimmung des Bundesrates erforderlich, so können auch der Bundestag und die Bundesregierung die Einberufung verlangen. Schlägt der Ausschuß eine Änderung des Gesetzesbeschlusses vor, so hat der Bundestag erneut Beschluß zu fassen.

1949 war das auch schon so, nur mußte der Bundesrat damals schon nach zwei Wochen entscheiden. Aber die Technik schreitet fort und die Herren Parlamentarier müssen sich um viel mehr einträgliche Nebentätigkeiten kümmern, deshalb benötigen sie ganz einfach mehr Zeit.

Jedenfalls darf der Bundesrat verlangen, daß man sich noch einmal zusammensetzt und erneut über alles redet. Damit kann der Bundesrat die Tätigkeit der Bundesregierung behindern, also aus parteitaktischen Gründen Blockade betreiben.

Ich behandle die Absätze 2a, 3 und 4 lieber mit eigenen Worten:

(2a) Wenn der Bundesrat zustimmen muß, hat er in angemessener Frist den Beschluß zu fassen, entweder gleich oder nachdem der Vermittlungsausschuß seine Arbeit abgeschlossen hat. Dieser Artikel war 1949 noch nicht nötig, aber das war ja auch vor Strauß und Lafontaine.

Falls der Bundesrat nicht zustimmen muß, kann er gegen ein Gesetz nach Absatz 3 immerhin Einspruch erheben. Dieser kann nach Absatz 4 durch eine erneute Abstimmung des Bundestages zurückgewiesen werden und das Gesetz geht durch. Wenn jedoch der Bundesrat mit Zwei-Drittel-Mehrheit dagegen stimmt, benötigt der Bundestag ebenfalls eine Zwei-Drittel-Mehrheit, um den Einspruch zurückzuweisen.

Sollte also die Opposition zwei Drittel der Stimmen im Bundesrat hinter sich versammeln, wird das Land unregierbar. Diese Gefahr bestand tatsächlich in der Endphase von Kanzler Schröder. Mit dem Primat der Parteipolitik haben die Väter des Grundgesetzes eben nicht gerechnet.

Ansonsten folgt der Artikel 78:

Ein vom Bundestage beschlossenes Gesetz kommt zustande, wenn der Bundesrat zustimmt, den Antrag gemäß Artikel 77 Absatz 2 nicht stellt, innerhalb der Frist des Artikels 77 Absatz 3 keinen Einspruch einlegt oder ihn zurücknimmt oder wenn der Einspruch vom Bundestage überstimmt wird.

Damit ist das Verfahren durchgezogen und Berlin verdankt Frau Schmidtmeyer, daß die dortigen Billig-Döner nicht mehr mit bayerischem Ekelfleisch befüllt werden.

Zustimmung des Bundesrates

Leider wurde das Grundgesetz von und für Juristen formuliert. Der Bundesrat muß bei manchen Gesetzen zustimmen, bei anderen nicht. Wo der Bundesrat überall zustimmen muß, ist jedoch über den gesamten Gesetzestext verteilt. Eine übersichtliche Liste fehlt leider, deshalb stelle ich sie hier zusammen, auch wenn das eine recht trockene Aufzählung wird.

Auf den ersten Blick scheint diese Liste nur von rein akademischem Interesse zu sein, jedoch gewährt sie einen Blick unter die Motorhaube unseres Staates, beschreibt sie doch den föderativen Aufbau des Bundesstaates Deutschland.

- Artikel 16a, Absätze 2 und 3:
  Auf Asyl kann sich niemand berufen, der aus einem „sicheren Drittstaat" einreist. Welche Staaten das sind, legt ein Gesetz fest, das der Zustimmung des Bundesrates bedarf. Außerdem können per Gesetz Staaten festgelegt werden, in denen keine politische Verfolgung stattfindet und der Antrag auf Asyl einer besonderen Begründung bedarf.

Da die Asylanten auf die Länder aufgeteilt werden, wird ihnen hier ein gewisses Mitspracherecht eingeräumt. Außerdem erhält die Regierung hier ein außenpolitisches Instrument: Wenn die Volksdiktatur Malvasia zum „sicheren" Land erklärt wird, freut sich deren Staatspräsident Korum'Biere al Bakschisch ganz bestimmt und kauft folglich bei Siemens statt bei General Electric.

- Artikel 23, Absätze 1, 4, 5 und 6:
  Die Übertragung von Hoheitsrechten der Bundesrepublik Deutschland an die Europäische Union bedarf der Zustimmung des Bundesrates, außerdem in allen Fällen, in denen es um jene Bereiche geht, für welche die Bundesländer zuständig sind, insbesondere wenn die Länder die Gesetzgebungsbefugnis besitzen.

- Artikel 29, Absatz 7:
  Ein Bundesgesetz, das Änderungen am Gebietsbestand der Länder regelt, erfordert die Zustimmung des Bundesrates.

- Artikel 37, Absatz 1:
  Maßnahmen gegen ein Land, das seine Pflichten gegenüber dem Bund nicht erfüllt, bedürfen der Zustimmung des Bundesrates.

Alle drei Artikel dienen der Wahrung und Sicherung des eigenen Besitzstandes. Wenn man schon den Ländern etwas wegnimmt oder sie zur Botmäßigkeit zwingt, möchte die Länderversammlung wenigstens gefragt werden.

- Artikel 53, Absatz 1:
  Die Geschäftsordnung des gemeinsamen Ausschusses, in den jedes Bundesland einen Vertreter entsendet und der Bundestag die doppelte Anzahl, bedarf der Zustimmung des Bundesrates.

- Artikel 74, Absatz 1 Nummer 25:
  Die Staatshaftung unterliegt der konkurrierenden Gesetzgebung von Bund und Ländern. Ein Bundesgesetz über diese Staatshaftung ist der einzige Punkt in der Liste von 26 Bereichen, in denen explizit die Zustimmung des Bundesrates gefordert wird.

Und warum? Weil es hier um Geld geht! Schließlich könnte hier der Bund festlegen, daß Schadenersatz grundsätzlich Ländersache sei – und da Bundesrecht das Landesrecht außer Kraft setzt, wäre es dann so.

- Artikel 80, Absatz 2:
  Der Zustimmung des Bundesrates bedürfen, vorbehaltlich anderweitiger bundesgesetzlicher Regelung, Rechtsverordnungen der Bundesregierung oder eines Bundesministers über Grundsätze und Gebühren für die Benutzung der Einrichtungen des Postwesens und der Telekommunikation, über die Grundsätze der Erhebung des Entgelts für die Benutzung der Einrichtungen der Eisenbahnen des Bundes, über den Bau und Betrieb der Eisenbahnen, sowie Rechtsverordnungen auf Grund von Bundesgesetzen, die der Zustimmung des Bundesrates bedürfen oder die von den Ländern im Auftrage des Bundes oder als eigene Angelegenheit ausgeführt werden.

Wegen dieses Artikels 80 dürfen die Länder bei der Bahnprivatisierung mitreden. Hoffentlich vernünftig, ehe ein ausländischer Investor ganze Landesteile vom Schienennetz und vom Bahnverkehr einfach abkoppelt.

- Artikel 81:
  Wenn der Bundeskanzler die Vertrauensfrage stellt und diese verliert, kann der Bundespräsident nach Artikel 68 den Bundestag auflösen (das wurde 2005 zuletzt durch Gerhard Schröder praktiziert). Die Vertrauensfrage kann außerdem mit einem Gesetzesvorschlag der Bundesregierung verbunden sein (ebenfalls von Schröder praktiziert). Wird der Bundestag nicht aufgelöst, so kann der Bundespräsident auf Antrag der Bundesregierung und mit Zustimmung des Bundesrates den Gesetzgebungsnotstand erklären. Lehnt der Bundestag das Gesetz erneut ab, so kommt bei einem Gesetzgebungsnotstand das Gesetz durch die Zustimmung des Bundesrates zustande (d.h., der Bundesrat beschließt das Gesetz an Stelle des Bundestages).

Im Prinzip wird hier ein dreistufiges Verfahren geschildert. Zur Weimarer Zeit hätte der Reichskanzler bei dringendem Gesetzgebungsbedarf auf Notverordnungen des Reichspräsidenten zurückgreifen können, das ist heute nicht mehr möglich.

Die Regierung beantragt ein Gesetz, das aus unerfindlichen Gründen vom Parlament abgelehnt wird. Das kommt eigentlich nie vor, weil die Regierung, sprich der Kanzler, von der Mehrheit des Bundestages gewählt worden ist und folglich seine Koalition die Mehrheit der Stimmen besitzt. Außerdem werden Gesetze im Vorfeld so ausgekungelt, daß sie mehrheitsfähig sind, also die Opposition nicht dagegen stimmen wird.

Aber seien nun doch einmal die Mehrzahl der Regierungsabgeordneten durch dringende Nebentätigkeiten verhindert und die Opposition hat sich ihren Widerstand nicht abkaufen lassen, dann gibt es völlig überraschend für ein Gesetz keine Mehrheit.

Folglich schwingt der Bundeskanzler die Disziplinierungskeule und verbindet die Abstimmung mit der Vertrauensfrage. Damit gefährden Gegenstimmen das eigene Mandat, die vielfältigen Privilegien, den eigenen Wert bei den Nebenjobs und womöglich auch noch den Dienstwagen – also ist es sehr unwahrscheinlich, daß dieses Gesetz abgelehnt wird.

Wenn doch, dann kann der Bundespräsident das Parlament auflösen und damit den Weg zu Neuwahlen öffnen, aber er muß nicht. Er muß auch keinen Gesetzgebungsnotstand ausrufen, falls er das Gesetz für unnötig hält. Wenn er es allerdings tut, dann tritt die Vertretung der Länder an die Stelle der Vertretung des Volkes, also der Bundesrat ersetzt den Bundestag. Anders formuliert: Nicht der Reichspräsident verordnet in eigener Machtvollkommenheit, sondern die zweite parlamentarische Kammer übernimmt, eine Einrichtung der Demokratie.

- Artikel 84:
  Dieser Artikel regelt das Procedere in den Verwaltungen. In allen Fällen, in denen der Bund durch Gesetze in die Länderverwaltungen eingreift, muß der Bundesrat zustimmen. Der Bund kann hierbei allgemeine Verwaltungsvorschriften erlassen und sogar eigene Aufsichtsbeamte in die Länderbehörden entsenden. Dies kann bei Versagen der Landesbehörden sogar soweit gehen, daß der Bund direkte Einzelanweisungen an die Landesbehörden erteilen darf. Das heißt, mit Zustimmung des Bundesrates kann ein Land de facto unter Bundesverwaltung gestellt werden.

Dieser Artikel beschreibt einen Notanker, der eingesetzt wird, wenn ein Bundesland so aus der Bahn gerät, daß die innere Verwaltung zusammenbricht. Wenn also in Berlin die Landeskasse endgültig leer ist, die nicht mehr bezahlten Beamten zu Hause bleiben, die Linkspartei trotz Regierungsbeteiligung offen über Generalstreik redet und der regierende Bürgermeister nur noch auf Partys mit garantiertem Flatrate-Saufen zu finden ist, dann marschiert dort nicht die Bundeswehr ein, sondern – mit Zustimmung des Bundesrates – die derzeit in Bonn geparkte Reservearmee der Bundesbürokraten, die den verlotterten Preußen dort rheinische Tüchtigkeit demonstrieren werden. Außer zwischen Weiberfastnacht und Aschermittwoch, natürlich.

- Artikel 85:
  Die Einrichtung von Behörden zur Ausführung der Bundesgesetze ist zuerst einmal Ländersache, jedoch kann dies mit

Zustimmung des Bundesrates auch der Bund selbst regeln. Die Bundesregierung kann mit dieser Zustimmung allgemeine Verwaltungsvorschriften erlassen und die einheitliche Ausbildung der Beamten und Angestellten regeln.

- Artikel 87, Absatz 3:
  Dieser Artikel erlaubt es dem Bund, mit Zustimmung des Bundesrates, „bei dringendem Bedarf“ (also jederzeit) eigene Mittel- und Unterbehörden in den Bundesländern einzurichten.

1949 gab es noch keine Bundeswehr, also waren auch Regelungen für den Verteidigungsfall überflüssig. Auch der technische Fortschritt erforderte neue Regelungen, die als Artikel 87 a bis f eingefügt wurden. Ich beschränke mich in diesem Kapitel auf die Zustimmung des Bundesrates.

Der Bundesrat muß zustimmen

- bei der Übertragung von Aufgaben der Beschädigtenversorgung und des Bauwesens an die Bundeswehrverwaltung, sowie bei Ermächtigung der Bundeswehrverwaltung zu Eingriffen in die Rechte Dritter (87 b / 1)

- wenn Bundesgesetze, die der Verteidigung einschließlich des Wehrersatzwesens und des Schutzes der Zivilbevölkerung vom Bund oder den Ländern ausgeführt werden sollen und ob die erforderlichen Befugnisse an Bundesoberbehörden übertragen werden sollen (87 b / 2)

- bei Gesetzen zur Kernenergie, wenn diese von den Ländern im Auftrag des Bundes ausgeführt werden sollen (87 c)

- wenn durch ein Bundesgesetz die Luftverkehrsverwaltung an die Länder übertragen wird (87 d / 2)

- ebenso die Eisenbahnverkehrsverwaltung, die Veräußerung des Schienennetzes, dessen Ausbau und die Privatisierung der Eisenbahn (87 e)

- in Angelegenheiten des Postwesens und der Telekommunikation (87 f)

- Artikel 91a:
  Hier werden Bundessubventionen für die Länder aufgeführt, zur Erfüllung von Gemeinschaftsaufgaben, zur Verbesserung der Lebensverhältnisse. Was diese Gemeinschaftsaufgaben sind (außer dem hier explizit aufgeführten Neu- und Ausbau der Hochschulen und Hochschulkliniken, der Verbesserung der regionalen Wirtschaftsstruktur und der Verbesserung von Agrarstruktur und Küstenschutz), regelt ein Bundesgesetz, dem der Bundesrat zustimmen muß.

- Artikel 96 Abs. 5:
  Für Strafverfahren auf den folgenden Gebieten kann ein Bundesgesetz mit Zustimmung des Bundesrates vorsehen, daß Gerichte der Länder Gerichtsbarkeit des Bundes ausüben:
  1. Völkermord;
  2. völkerstrafrechtliche Verbrechen gegen die Menschlichkeit;
  3. Kriegsverbrechen;
  4. andere Handlungen, die geeignet sind und in der Absicht vorgenommen werden, das friedliche Zusammenleben der Völker zu stören (Artikel 26 Abs. 1);
  5. Staatsschutz.

Wir haben also eine Sondergerichtsbarkeit des Bundes, die den Ländern übertragen worden ist. Natürlich gab es diese Regelung 1949 noch nicht. Eine weitere Besonderheit ist das „Völkerstrafrecht“, dessen Name so klingt, als sei es ein überstaatliches Gesetz. Das ist nicht der Fall, hier handelt es sich um eine Erweiterung des Strafgesetzbuches, in dem Verstöße gegen das Völkerrecht zu strafbaren Delikten erklärt wurden.

- Artikel 104a, Absätze 3, 4 und 5:
  Wenn die Länder für Aufgaben des Bundes mehr als ein Viertel des Aufwands zahlen sollen, müssen sie im Bundesrat zustimmen. Das gilt auch, wenn festgelegt wird, auf welchen Gebieten Investitionen gefördert werden. Ebenfalls bei der Verteilung der Verwaltungsausgaben und der Haftung für ordnungsgemäße Verwaltung.

- Artikel 105, Absatz 3:
  Bundesgesetze über Steuern, deren Aufkommen den Ländern oder den Gemeinden (Gemeindeverbänden) ganz oder zum Teil zufließt, bedürfen der Zustimmung des Bundesrates.

- Artikel 106, Absätze 3, 4, 5, 5a und 6:
  Da die Einnahmen aus Einkommensteuer, Körperschaftssteuer und Umsatzsteuer zwischen Bund, Ländern und (bis auf die Körperschaftssteuer) auch den Gemeinden aufgeteilt wird, dürfen die Länder bei Gesetzen zu deren Verteilung selbstverständlich mitreden. Außerdem können sich Bund und Länder per Umlage an der Grund- und Gewerbesteuer bedienen, die den Gemeinden zusteht. Zwar sind die meisten Gemeinden hoch verschuldet, aber mit Zustimmung des Bundesrates kann der Zentralstaat den Gemeinden in die Taschen greifen.

Die Umlage auf die kommunalen Steuern träfe natürlich besonders jene Kommunen, die sich gerade erst dadurch schuldenfrei geworden sind, daß sie das Tafelsilber von Wohnungsbestand bis zur Kläranlage an die so beliebten „Heuschrecken" verscherbelt haben. Aber wann schaut so ein Bürgermeister schon mal ins Grundgesetz?

- Artikel 106a:
  Die Länder erhalten für den öffentlichen Personennahverkehr Gelder vom Bund, bei deren Verteilung der Bundesrat mitreden darf.

- Artikel 107:
  Hier geht es noch einmal um die Verteilung von Körperschafts- und Lohnsteuern, die tunlichst in dem Bundesland verbleiben sollen, in dem sie vereinnahmt worden sind.

- Artikel 108:
  Zoll- und Finanzbehörden sollen im gegenseitigen Einvernehmen errichtet werden, deshalb dürfen die Länder dabei mitreden. Auch wenn die Finanzämter Landesbehörden sind, muß das Finanzamt Mittelmietraching nach denselben Regeln handeln, wie das Finanzamt Nordoosterstedt.

• Artikel 109:
(3) Durch Bundesgesetz, das der Zustimmung des Bundesrates bedarf, können für Bund und Länder gemeinsam geltende Grundsätze für das Haushaltsrecht, für eine konjunkturgerechte Haushaltswirtschaft und für eine mehrjährige Finanzplanung aufgestellt werden.

Laut Absatz 4 müssen die Länder ebenfalls zustimmen, wenn zur Abwehr einer Störung des gesamtwirtschaftlichen Gleichgewichts höhere Kredite aufgenommen werden dürfen, als normalerweise zulässig. Außerdem kann per zustimmungspflichtigem Gesetz gefordert werden, zuviel eingenommenes Geld unverzinslich bei der Bundesbank anzulegen.

Die „gesamtwirtschaftliche Störung", die dem Finanzminister erlaubt, mehr Geld zu leihen, als für Investitionen ausgegeben wird, haben wir bereits öfter erlebt. Daß dagegen Haushaltsüberschüsse bei der Bundesbank zwischengelagert werden müssen, ist mir nicht bekannt. Sollte jemals zuviel Geld in den Kassen sein, wird das sofort als stimmenbringendes „Geschenk der Regierungspartei an die Wähler" wieder ausgegeben.

Damit sind wir beim Verteidigungsfall angekommen. Hierfür wurde das Grundgesetz um ein eigenes Kapitel erweitert. Es handelt sich dabei um ein volles Dutzend Artikel, 115 a bis l. Der Artikel 115 gehört noch zum Finanzwesen und war ursprünglich der letzte vor den Übergangs- und Schlußbestimmungen. Deshalb wurde nach ihm dieses Kapitel eingefügt, bei dem ich mich ebenfalls auf Stichpunkte beschränken werde.

Sollte es nicht möglich sein, den Bundestag einzuberufen, fungiert der gemeinsame Ausschuß aus Bundestag ($^2/_3$) und Bundesrat ($^1/_3$, ein Vertreter für jedes Bundesland) als ein Notparlament, das an die Stelle des Bundestages tritt und auch Gesetze erlassen kann.

Der Bundesrat muß zustimmen

➢ bei der Feststellung des Verteidigungsfalls (115 a / 1)

➢ wenn der Bund im Verteidigungsfall die konkurrierende Gesetzgebung auch auf Gebiete ausdehnt, die in Friedenszeiten in die Zuständigkeit der Länder fallen (115 c / 1)

- wenn der Bund im Verteidigungsfall die Verwaltung und das Finanzwesen anders regeln möchte (dann drohen Kriegssteuern, Kriegsrecht, Notverwaltung). (115 c / 3)

Gesetzesvorlagen, welche die Bundesregierung als dringlich bezeichnet, werden im Verteidigungsfall gleichzeitig dem Bundestag und Bundesrat zugeleitet, die diese Vorlagen unverzüglich gemeinsam beraten. Dazu existiert eine gemeinsame Geschäftsordnung, welcher der Bundesrat zustimmen muß. Außerdem muß der Bundesrat nach wie vor bei den aufgelisteten Gesetzen zustimmen. (Artikel 115 d)

Sondergesetze zu Bildung und Finanzwesen im Verteidigungsfall können nach dessen Beendigung mit der Zustimmung des Bundesrates durch neue Sondergesetze abgelöst werden, die zur Überleitung in die Friedensregelung dienen. (Artikel 115 k / 3)

Der Bundestag kann mit Zustimmung des Bundesrates jederzeit Gesetze des Notparlaments „Gemeinsamer Ausschuß" wieder aufheben. (115 l / 1)

Der Verteidigungsfall wird durch einen Beschluß des Bundestages für beendet erklärt, dem der Bundesrat zustimmen muß und der vom Bundespräsidenten verkündet wird. (115 l / 2)

Ein paar letzte Bestimmungen sind dem verlorenen zweiten Weltkrieg geschuldet:

- Artikel 119:
  Der Bundesrat darf mitentscheiden, wie die Flüchtlinge und die Vertriebenen auf die Bundesländer verteilt werden. Hierzu darf die Bundesregierung Verordnungen erlassen, denen nur der Bundesrat zustimmen muß.

- Artikel 120a, Absatz 1:
  Bei der Regelung des Lastenausgleichs (mit dem nach dem Krieg Haus- und Grundstücksbesitzer zur Kasse gebeten worden sind), muß der Bundesrat zustimmen.

- Artikel 130, Absatz 1:
  Sonderregelungen für die Eisenbahnen, der Post und das Fernmeldewesen in der französischen Besatzungszone, bedürfen zu ihrer Aufhebung der Zustimmung des Bundesrates.

- Artikel 132:
  Um den öffentlichen Dienst von „Nationalsozialismus und Militarismus“ zu befreien, erläßt die Bundesregierung eine Verordnung, welcher der Bundesrat zustimmen muß.
- Artikel 134:
  Reichsvermögen geht in Bundesvermögen über, mittels eines Gesetzes, das der Zustimmung des Bundesrates bedarf.
- Artikel 135:
  Da durch die Neugliederung des Bundesgebietes nach 1945 ein Land aufgelöst wurde (Preußen), andere Gebiete verloren (Bayern) bzw. gewonnen haben (Rheinland-Pfalz), soll das Landesvermögen den neuen Gebietsherren zufallen. Wo sich die Länder nicht selbst einigen können, ergeht ein Bundesgesetz, dem der Bundesrat zustimmen muß.

Da ehemaliges Reichsvermögen privatisiert worden ist bzw. bald privatisiert werden soll, wurden ein paar weitere Artikel erforderlich, die diese Liste abschließen.

- Artikel 143a:
  Damit die Deutsche Bundesbahn zur Deutschen Bahn AG werden kann, wurde ein Bundesgesetz benötigt, zu dem der Bundesrat zustimmen muß.
- Artikel 143b:
  Gleiches gilt für die Deutsche Bundespost, die in drei unabhängige Unternehmen (Telekom, Postbank, Postdienst) aufgespalten wurde.

Wie man am Umfang dieser Liste sieht, gibt es in Deutschland eine intensive Zusammenarbeit von Bund und Ländern. Diese austarierte Balance wird jedoch durch das Parteiensystem ausgehebelt. Im Normalfall hat die CDU Mecklenburg-Vorpommern mehr gemeinsame Interessen mit der CDU des Saarlandes, als mit der SPD Mecklenburg-Vorpommern. Und sollten die Landesverbände vernünftig sein wollen, gibt es immer noch das Bundespräsidium, das sie zurückpfeift und „Fraternisierungen“ unterbindet.

Richter und Gerichte

Die Justiz ist in der Demokratie die dritte Gewalt und soll von den anderen beiden Gewalten (Regierung / Exekutive und Parlament / Legislative) unabhängig sein. Der Artikel 92 besagt ganz kurz:

Die rechtsprechende Gewalt ist den Richtern anvertraut; sie wird durch das Bundesverfassungsgericht, durch die in diesem Grundgesetze vorgesehenen Bundesgerichte und durch die Gerichte der Länder ausgeübt.

Jetzt kommen wir zur 125.000-Euro-Frage. Zumindest wäre es eine solche in diversen Fernseh-Quiz-Shows wert: Was fehlt in diesem schönen Artikel 92? Na?

Suchen Sie doch einmal das Wort „unabhängig"!

Nicht gefunden? Ich auch nicht. „Die rechtsprechende Gewalt ist **unabhängigen** Richtern anvertraut..." würde viel mehr Vertrauen in die Rechtsprechung erwecken. Außerdem wäre das die Umsetzung der reinen Lehre. Aber es geht hier um das Grundgesetz und nicht um Demokratie. Erst, nachdem das Bundesverfassungsgericht und die obersten Bundesgerichte behandelt worden sind, erscheint dieses Zauberwort im Artikel 97:

(1) Die Richter sind unabhängig und nur dem Gesetze unterworfen.

Wenden wir uns aber zunächst den noch nicht für unabhängig erklärten Richtern des Bundesverfassungsgerichts zu, das natürlich nicht über die Verfassung, sondern über das Grundgesetz befindet und deshalb korrekt „Bundesgrundgesetzgericht" heißen müßte.

Der Artikel 93 beginnt folgerichtig:

(1) Das Bundesverfassungsgericht entscheidet:
1.über die Auslegung dieses Grundgesetzes...

Ich möchte hier nicht den gesamten Artikel 93 aufführen. Wenn Sie die genauen Formulierungen in ihrer ganzen juristischen Pracht interessieren, schauen Sie besser direkt im Text nach. Ich möchte mich auf eine leichter verständliche Inhaltsangabe beschränken:

Das Bundes-„Verfassungs“-Gericht entscheidet

- wie das Grundgesetz zu verstehen ist, wenn sich die Angehörigen irgendwelcher oberster Bundesorgane nicht einigen können, was denn nun wirklich in diesem Text steht.
- bei Meinungsverschiedenheiten oder Zweifeln, ob der Bund tatsächlich den Bundesländern oder einem einzelnen Bundesland in dessen Aufgaben hineinregieren darf.
- bei Meinungsverschiedenheiten, ob ein Bundesgesetz wirklich für die Herstellung gleicher Lebensverhältnisse sorgt.
- bei Meinungsverschiedenheiten über die Rechte und Pflichten von Bund und Ländern.
- bei Streitigkeiten zwischen Bund und Ländern, zwischen einzelnen Ländern und auch innerhalb eines Landes, falls kein anderes Gericht dafür zuständig ist.
- über Verfassungsbeschwerden einzelner Bürger.
- über Verfassungsbeschwerden von Gemeinden, die sich in ihren Rechten auf Selbstverwaltung eingeschränkt sehen.
- in Fällen, in denen das Grundgesetz das vorsieht.

Das heißt, in den meisten hier aufgeführten Fällen ist das oberste Gericht des Landes dafür zuständig, wenn sich die verschiedenen von Parteien dominierten Gremien in Bund und Land nicht einigen können. Diese Fälle werden dann recht schnell entschieden.

Auch wenn die öffentlich-rechtlichen Rundfunksender glauben, die Länder hätten ihnen ein paar Cent GEZ-Gebühren vorenthalten, beeilt sich das Gericht und entscheidet innerhalb von zwei Jahren.

Verfassungsbeschwerden einzelner Bürger hingegen werden erst einmal abgeheftet. Diese Beschwerden erfolgen, wenn sich der Einzelne von Gesetzen beeinträchtigt fühlt, die mit dem Grundgesetz nicht vereinbar sind. Eine Beschwerde gegen den Knebelparagraphen 130 StGB zur Unterdrückung der Meinungsfreiheit liegt seit 2003 beim BVerfG – und bis jetzt haben die Herrschaften noch nicht einmal darüber befunden, ob sie die überhaupt annehmen.

Es ist relativ leicht möglich, solche Gesetze zu beschließen, obwohl schon der Bundespräsident jedes Gesetz auf seine Vereinbarkeit mit dem Grundgesetz zu prüfen hat, doch es ist relativ schwer für den Bürger, diese Gesetze wieder zu kippen. Nur, wenn eine der großen Parteien dieses Begehren aufnimmt, setzen die Herrschaften ihre gut gepolsterten Sitzflächen ein wenig schneller in Bewegung. Aber warum sollte eine Partei das tun? Schließlich haben die Parteien diese Gesetze fast immer einvernehmlich beschlossen.

Zu den Fällen, die das Grundgesetz außerdem dem BVerfG zuweist, gehört das Verbot von Parteien, die „nicht auf dem Boden der freiheitlich-demokratischen Grundordnung stehen". Das heißt, die Väter des Grundgesetzes hatten so wenig Vertrauen in die Überzeugungskraft der Demokratie, daß sie die Keule des Parteienverbotes eingebaut haben.

Natürlich resultiert das aus den historischen Lehren aus der Weimarer Republik. Verboten werden sollen Parteien von ganz rechts und einstmals auch von ganz links. Es gehört zu den Sternstunden des BVerfG, die Klage auf das Verbot der NPD abgewiesen zu haben. Ich schreibe das nicht deshalb, weil ich große Sympathien für die NPD verspüre, sondern weil ich Hochachtung vor der Begründung des BVerfG empfinde:

(Sinngemäß) „...es ist nicht erkennbar, ob die Positionen, die diese Partei vertritt, originär von der NPD stammen oder von den zahlreichen in die Partei eingeschleusten V-Leuten der verschiedenen Geheimdienste."

Jetzt stellt sich natürlich die Frage, inwieweit auch andere Parteien von V-Leuten durchsetzt sind, also der demokratische Machtapparat längst von Beamten beherrscht wird.

Laut Absatz 2 des Artikels 93 bestimmen außerdem Bundesgesetze, in welchen Fällen das BVerfG zuständig wird.

Wer sitzt nun in diesem obersten Gericht? Was befähigt eine Person, über das Grundgesetz und damit das zentrale Regelwerk dieser Bundesrepublik des vereinigten Deutschlands zu befinden? Laut Artikel 94:

(1) Das Bundesverfassungsgericht besteht aus Bundesrichtern und anderen Mitgliedern. Die Mitglieder des Bundesverfassungsgerichtes werden je zur Hälfte vom Bundestage und vom Bundesrate gewählt. Sie dürfen weder dem Bundestage, dem Bundesrate, der Bundesregierung noch entsprechenden Organen eines Landes angehören.

Das heißt, die Parteien im Bundestag und den Landesregierungen (= Bundesrat) kungeln untereinander aus, wer diesem Gericht angehören darf. Streng nach Proporz, natürlich, denn CDU, CSU, SPD und FDP müssen angemessen repräsentiert sein. Die Grünen und die Linken bald auch, sind das doch alles gute, demokratische Parteien, sagt man uns Bürgern.

Und damit die Richter dort nicht etwa ihrer erst in einem späteren Artikel erklärten Unabhängigkeit vorgreifen, wird im zweiten Absatz festgelegt:

(2) Ein Bundesgesetz regelt seine Verfassung und das Verfahren und bestimmt, in welchen Fällen seine Entscheidungen Gesetzeskraft haben. Es kann für Verfassungsbeschwerden die vorherige Erschöpfung des Rechtsweges zur Voraussetzung machen und ein besonderes Annahmeverfahren vorsehen.

Das heißt, das großmächtige Bundesverfassungsgericht bekommt seine Geschäftsordnung durch ein Bundesgesetz vorgeschrieben. Und damit die Herrschaften sich nicht überarbeiten, können sie Verfassungsbeschwerden mittels Rechtsweg und besonderem Annahmeverfahren Steine in den Weg legen.

Oder haben Sie gedacht, Sie dürften nach Lust und Laune das oberste Gericht dieses Staates anrufen? Als einfacher Untertan? Was früher die Obrigkeit bestimmt hat, wird heute demokratisch geregelt. Wenn Sie kein Demokrat sind, also kein herausragender Parteipolitiker in Bund oder Land, dann wird Ihnen die Auslegung des Grundgesetzes zu Ihren Gunsten sehr erschwert.

Auch die anderen obersten Bundesgerichte werden nicht für unabhängig erklärt. Laut Artikel 95 sind das der Bundesgerichtshof, das Bundesverwaltungsgericht, der Bundesfinanzhof, das Bundesarbeitsgericht und das Bundessozialgericht.

Warum deren Richter nicht unabhängig sind, erklärt der zweite Absatz dieses Artikels:

(2) Über die Berufung der Richter dieser Gerichte entscheidet der für das jeweilige Sachgebiet zuständige Bundesminister gemeinsam mit einem Richterwahlausschuß, der aus den für das jeweilige Sachgebiet zuständigen Ministern der Länder und einer gleichen Anzahl von Mitgliedern besteht, die vom Bundestage gewählt werden.

Das heißt, wer Richter wird, bestimmen ausschließlich Parteipolitiker.

Eine Regelung, an die 1949 noch niemand gedacht hat, findet sich am Ende von Artikel 96:

(5) Für Strafverfahren auf den folgenden Gebieten kann ein Bundesgesetz mit Zustimmung des Bundesrates vorsehen, daß Gerichte der Länder Gerichtsbarkeit des Bundes ausüben:

1. Völkermord;
2. völkerstrafrechtliche Verbrechen gegen die Menschlichkeit;
3. Kriegsverbrechen;
4. andere Handlungen, die geeignet sind und in der Absicht vorgenommen werden, das friedliche Zusammenleben der Völker zu stören (Artikel 26 Abs. 1);
5. Staatsschutz.

Das heißt, auch 62 Jahre nach dem Ende des zweiten Weltkrieges möchte man derart viele Verbrechen verfolgen, daß man dies an die Gerichte der Länder delegieren muß.

Wobei sich diese „Verbrechen" nicht auf das beschränken, was hier zu stehen scheint, sondern alles, was irgendwer für solche Verstöße erklärt.

Falls Sie also den amerikanischen Präsidenten für einen ausgemachten Idioten und zweibeinigen Volltrottel halten, könnte das eine Handlung sein, die geeignet ist, das friedliche Zusammenleben der Völker zu stören. Oder wenn Sie behaupten, von Jerusalem gingen nicht nur Liebe und Frieden aus, sondern auch

Streubomben, deren Blindgänger im Süden Libanons als Landminen wirken.

Und Worte wie „Auschwitz“ oder „Holocaust“ streichen Sie besser aus Ihrem Wortschatz, denn was immer Sie darüber sagen, könnte ein völkerstrafrechtliches Verbrechen gegen die Menschlichkeit darstellen. Denn das „Völkerstrafrecht“ ist nicht etwa ein internationales, sondern ein nationales, ein Bundesgesetz, das eine spezifisch deutsche Auslegung des Völkerrechts darstellt.

Aber jetzt sind wir endlich beim Artikel 97, der die Richter für unabhängig erklärt und ihnen zudem besondere Privilegien einräumt:

(2) Die hauptamtlich und planmäßig endgültig angestellten Richter können wider ihren Willen nur kraft richterlicher Entscheidung und nur aus Gründen und unter den Formen, welche die Gesetze bestimmen, vor Ablauf ihrer Amtszeit entlassen oder dauernd oder zeitweise ihres Amtes enthoben oder an eine andere Stelle oder in den Ruhestand versetzt werden. Die Gesetzgebung kann Altersgrenzen festsetzen, bei deren Erreichung auf Lebenszeit angestellte Richter in den Ruhestand treten. Bei Veränderung der Einrichtung der Gerichte oder ihrer Bezirke können Richter in ein anderes Gericht versetzt oder aus dem Amte entfernt werden, jedoch nur unter Belassung des vollen Gehaltes.

Das heißt, wenn jemand einmal Richter geworden ist, wird man ihn oder sie kaum mehr los. Ausschließlich die Standesgenossen können einen Richter seines Amtes entheben oder ihn in den Ruhestand versetzen.

Tja, und eine Krähe hackt bekanntlich der anderen kein Auge aus. Ob die Richterroben deshalb zumeist schwarz sind?

Aber die richterlichen Privilegien gehen noch weiter. Jeder Richter entscheidet selbst, wieviel und wo er arbeitet. Gut, hin und wieder muß der Richter tatsächlich im Amtsgericht oder Landgericht erscheinen und er muß seine Prozesse im Gerichtssaal führen. Aber wo er sie vorbereitet, ob im Büro, im heimischen Garten oder am Strand der Malediven, entscheidet jeder Richter für sich selbst.

Das heißt, wenn ein Berliner Sozialgericht unter monatlich 1.000 Fällen stöhnt, aber zugleich 50 Richter beschäftigt, darf man nicht einfach rechnen, daß dies bei 20 Arbeitstagen pro Monat einen einzigen Fall pro Richter und Tag bedeutet. Das wäre schließlich Akkord-Arbeit. Und von Arbeitsvorgaben sind Richter nun wirklich völlig unabhängig.

Wobei die Unabhängigkeit der Richter wiederum ihre Grenzen hat, denn Richter sind Beamte – und jeder Beamte möchte gerne befördert werden.

Bevor ein Richter zum Richter ernannt wird, muß er sein Studium absolvieren und dazu gehört nun einmal ein Referendariat. Das heißt, der zukünftige Richter wird ein erstes Mal begutachtet, denn dieses Referendariat führt ihn natürlich an ein Gericht. Die nächste Station ist die Staatsanwaltschaft. Dort muß sich der Kandidat bewähren, bevor überhaupt jemand erwägt, ihn zum Richter zu ernennen. Erst nach jahrelanger Begutachtung wird daraus ein Richter – und da spricht der Justizminister als oberster Dienstherr ein entscheidendes Wörtchen mit. Tja, und der Justizminister ist ein Parteifunktionär...

Wenn nun der Richter wirklich querschießt, bekommt das Justizministerium ein Problem. Deshalb werden solche Richter bestimmt nicht befördert, schon gar nicht in Positionen, in den denen sie noch wirksamer querschießen können. Wer hingegen ein gutes Verhältnis zu seinem Parteifreund Justizminister aufbaut, der verbessert seine Beförderungschancen ungemein.

Soviel zur grundgesetzlich garantierten richterlichen Unabhängigkeit.

Falls ein Gericht glaubt, ein Gesetz sei verfassungswidrig, kann es nach Artikel 100 das Verfahren aussetzen bis zur Entscheidung des Landesverfassungsgerichts oder des Bundesverfassungsgerichts. Das heißt, jeder Richter könnte jederzeit gegen ein Gesetz vorgehen, das er für verfassungswidrig hält. Aber haben Sie jemals von einem solchen Vorgehen gehört? Natürlich nicht! Denn das Gesetz wurde von jenen Parteien verabschiedet, die den Justizminister stellen, also für Beförderungen des Richters zuständig sind und über die Positionen in Bundesgerichten befinden, also die höchstdotierten Richterämter.

Wenigstens in zwei Punkten gewährt das Grundgesetz den Bürgern Sicherheit, denn Artikel 101 besagt:

(1) Ausnahmegerichte sind unzulässig. Niemand darf seinem gesetzlichen Richter entzogen werden.

(2) Gerichte für besondere Sachgebiete können nur durch Gesetz errichtet werden.

Zunächst werden Sondergerichte ausgeschlossen, um gleich danach wieder per Bundesgesetz eingesetzt werden zu dürfen. Das heißt, wenn Ladendiebstähle gewaltig überhand nehmen, dürfen zunächst keine Schnellgerichte für Ladendiebe eingesetzt werden, denn die sind unzulässig. Zuständig sind dafür die Amtsgerichte – aber nur solange, bis ein neues Gesetz verabschiedet ist. Denn das darf die Schnellgerichte einsetzen – und es geht los.

Sollte die BRdvD irgendwann einmal die Scharia einführen, also die islamische Rechtssprechung, so erlaubt Artikel 101 Absatz 2 die Einsetzung solcher Gerichte. Wie Sie sehen, ist das Grundgesetz überaus flexibel.

Die zweite Sicherheit steht in Artikel 102, der auch schon 1949 kurz und bündig besagt:

Die Todesstrafe ist abgeschafft.

Das heißt, wenn Sie erst einmal verhaftet sind und vor Gericht stehen, müssen Sie nicht mehr um Ihr Leben fürchten. Bis dahin jedoch... In Zeiten, in denen Tag für Tag Gewaltorgien Made in Hollywood über unsere Fernsehbildschirme flimmern, kann es schon einmal passieren, daß Polizisten beim Anblick einer Wasserpistole rambomäßig in Notwehr um sich ballern. Oder, wenn die Fahndung von einem hochgefährlichen Triebtäter spricht, auch schon mal ein harmloser Rentner wegen entfernter Ähnlichkeit präventiv erschossen wird.

Unsere Bundesminister haben es längst erfaßt: Ein des Terrorismus' Verdächtiger, der vorsorglich erschossen wird, kann ziemlich sicher keine Bombe mehr legen. Und ein Passagierflugzeug, das vom Himmel geholt wurde, stürzt sich nicht mehr selbstmörderisch in die Gartenparty der Frau Bundeskanzler.

Aber das ist schließlich keine Todesstrafe, sondern eine reine Sicherheitsmaßnahme, zu unser aller Schutz, natürlich.

Damit wäre ich bei Artikel 103, der auf den ersten Blick ein paar Selbstverständlichkeiten ausdrückt:

(1) Vor Gericht hat jedermann Anspruch auf rechtliches Gehör.

Ein Staatsanwalt hat das „rechtliche Gehör" in meiner Gegenwart einmal so beschrieben: „An diesem Thema haben sich schon viele Autoren versucht, sie wurden alle verurteilt". Die vorsitzende Richterin hat das nicht beanstandet, die Lokalzeitung diesen Satz brav gedruckt.

Sie finden also rechtliches Gehör, falls die Strafbarkeit einer Tat nicht schon von vornherein feststeht und damit vermutlich auch das Urteil. Diese Worte stammen nicht etwa aus einem stalinistischen Schauprozeß, sondern aus einem bundesdeutschen Verfahren des Jahres 2007.

Das vereinfacht natürlich die Arbeit der Justiz deutlich. Allerdings könnte ein solches Urteil auch ein billiger PC ausfertigen, mit 100 Zeilen Basic-Programm und ein paar Textbausteinen. Da braucht man keine Fachleute mit Akademiker-Gehältern.

(2) Eine Tat kann nur bestraft werden, wenn die Strafbarkeit gesetzlich bestimmt war, bevor die Tat begangen wurde.

Bei den Nürnberger Prozessen war das nicht der Fall, aber die fanden ja vor dem Erlaß des Grundgesetzes statt. Außerdem wurde dieses Lehrstück rechtsstaatlicher Demokratie nicht von deutschen Gerichten durchgeführt.

Allerdings muß man sich fragen, inwiefern Verbrechen zur Zeit des Dritten Reiches oder zur Zeit der DDR-Diktatur heute strafrechtlich verfolgt werden können. Im ersten Fall würde eine Beachtung des Artikels 103 Absatz 2 voraussetzen, daß die Taten schon zur damaligen Zeit mit Strafe bedroht gewesen waren. Im zweiten Fall stellt sich die Frage, ob die Taten nach

DDR-Strafrecht beurteilt werden müssen oder nach dem Recht der alten BRD, die das unter Strafe stellt.

Aber abgesehen von diesen Sonderfällen gibt es noch eine Kleinigkeit, die hier nicht geregelt wurde. Sie stellen 1998 etwas an, das zur damaligen Zeit mit Geldstrafe belegt wird und nach zehn Jahren verjährt. Ihr Prozeß findet jedoch erst 2007 statt, gerade rechtzeitig vor der Verjährung. 2005 wurde das Gesetz allerdings ein wenig nachgebessert und es gibt heute bis zu zehn Jahren Gefängnis für diese Straftat.

Sie werden zwar davor geschützt, für etwas bestraft zu werden, das zur Zeit der Tat noch nicht unter Strafe gestanden hatte, aber die Höhe der Strafe kann sich seither radikal geändert haben. Und das ist ganz legal nach Artikel 103 Absatz 2.

(3) Niemand darf wegen derselben Tat auf Grund der allgemeinen Strafgesetze mehrmals bestraft werden.

Das klingt auch ganz freundlich, bis man den Text genauer betrachtet. Sie dürfen nicht mehrmals bestraft werden – nach den allgemeinen Strafgesetzen. Wenn aber besondere Strafgesetze verabschiedet wurden, dann dürfen Sie gerne mehrfach verurteilt werden – und müssen jede einzelne Strafe auf sich nehmen.

Gut, wenn Sie betrunken über eine rote Ampel fahren und dabei auch noch einen Polizisten versenken, ist das nicht so schlimm. Dafür erläßt niemand ein Sondergesetz, da werden Sie nur einmal bestraft. Sie dürfen auch alle Kinder vergewaltigen, derer Sie habhaft werden, ohne ein Sondergesetz befürchten zu müssen. Mit lebenslang plus anschließender Sicherheitsverwahrung werden Sie in dem Fall ja auch vom allgemeinen Strafrecht bestens bedient.

Sondergesetze gibt es nur für politische Straftaten, zu allen Zeiten und in allen Systemen, ob diktatorisch oder demokratisch. Die freiheitlich-demokratische Grundordnung muß geschützt werden, koste es nun Freiheit oder Demokratie. Die Formulierung läßt sogar zu, daß Sie nach den allgemeinen und zusätzlich nach den besonderen Strafgesetzen verurteilt werden können.

Im Artikel 104 wird schließlich das Verfahren geregelt, nach dem man Bürgern die Freiheit entziehen kann.

(1) Die Freiheit der Person kann nur auf Grund eines förmlichen Gesetzes und nur unter Beachtung der darin vorgeschriebenen Formen beschränkt werden. Festgehaltene Personen dürfen weder seelisch noch körperlich mißhandelt werden.

In Deutschland dürfen Sie nur nach Vorschrift eingebuchtet werden. Außerdem ist die Folter explizit verboten. Man kann Ihnen höchstens androhen, Sie mit sieben kampfsportbegeisterten Deutschrussen auf eine Viermann-Zelle zu legen. Da lernen Sie ganz nebenbei eine Fremdsprache und qualifizieren sich für eine Tätigkeit als Hausbutler.

Das ist garantiert keine Folter, außerdem sind Sie doch kein Rassist, oder? Falls Sie jedoch lieber ein wenig mehr gestehen und so den aufwendigen Indizienprozeß vereinfachen, könnte man ja über die Unterbringung im Gefängnis reden.

Die Würde des Menschen ist schließlich unantastbar, Sie erinnern sich?

(2) Über die Zulässigkeit und Fortdauer einer Freiheitsentziehung hat nur der Richter zu entscheiden. Bei jeder nicht auf richterlicher Anordnung beruhenden Freiheitsentziehung ist unverzüglich eine richterliche Entscheidung herbeizuführen. Die Polizei darf aus eigener Machtvollkommenheit niemanden länger als bis zum Ende des Tages nach dem Ergreifen in eigenem Gewahrsam halten. Das Nähere ist gesetzlich zu regeln.

Da wird dann um 23:30 Uhr nach einem Verhörmarathon ein Richter aus dem Bett geholt, der möglichst kurz gestört werden will und deshalb die Fakten im Schnelldurchgang überfliegt, bevor er auf dem Formblatt die Haft anordnet. Wobei es heute üblich ist, daß ein Richter ein solches Formblatt nicht einmal eigenhändig unterschreiben muß. Das heißt, wenn statt dessen um 23:30 Uhr der Computer des Richters geweckt wird und ein Formblatt ausspuckt, ist dem Grundgesetz und der Rechtspraxis ebenfalls Genüge getan.

(3) Jeder wegen des Verdachtes einer strafbaren Handlung vorläufig Festgenommene ist spätestens am Tage nach der Festnahme dem Richter vorzuführen, der ihm die Gründe der Festnahme mitzuteilen, ihn zu vernehmen und ihm Gelegenheit zu Einwendungen zu geben hat. Der Richter hat unverzüglich entweder einen mit Gründen versehenen schriftlichen Haftbefehl zu erlassen oder die Freilassung anzuordnen.

Werden Sie wegen des Verdachtes einer strafbaren Handlung festgenommen – und bloßer „Verdächtiger" sind Sie auch dann, wenn Sie vor 200 Augenzeugen eigenhändig die mörderische Klinge in das Opfer gerammt haben, denn erst nach der Verurteilung sind Sie Straftäter –, dann dürfen Sie einen leibhaftigen Richter mit eigenen Augen sehen und sich sogar mit ihm unterhalten. Die Wahrscheinlichkeit, daß dieser Sie anschließend freiläßt, ist jedoch äußerst gering. Da gewinnen Sie leichter im Lotto.

(4) Von jeder richterlichen Entscheidung über die Anordnung oder Fortdauer einer Freiheitsentziehung ist unverzüglich ein Angehöriger des Festgehaltenen oder eine Person seines Vertrauens zu benachrichtigen.

Wenigstens legt das Grundgesetz fest, daß ein Außenstehender, der sich noch in Freiheit befindet, von der Festnahme erfährt. Das unterscheidet diesen Staat von einer Diktatur, wo die Leute ohne solche Benachrichtigung verschwinden. Es gibt also doch ein paar Bestimmungen, zugunsten des Bürgers.

Die Person des Vertrauens kann natürlich ein Rechtsanwalt sein, der sich um diesen Fall kümmert.

Deutschland im Krieg

Zu den weniger schönen, aber trotzdem sehr beliebten Handlungen zwischen zwei Nationen gehört der Krieg, also der Einsatz bewaffneter Streitkräfte. In einer Demokratie sind das die vielgerühmten Bürger in Uniform, zu denen auch Wehrpflichtige gehören.

Den Königen früherer Zeiten unterstellt man gerne, sie hätten ihre Heere nach Lust und Laune losgehetzt; in Demokratien gibt es natürlich Vorschriften, die einen Krieg oder einen Einsatz der Streitkräfte nur nach gesetzlicher Grundlage zulassen. Zumindest, wenn diese Demokratie nicht USA heißt.

Zunächst regelt der Artikel 87a den bewaffneten Einsatz der Bundeswehr im Frieden:

(1) Der Bund stellt Streitkräfte zur Verteidigung auf. Ihre zahlenmäßige Stärke und die Grundzüge ihrer Organisation müssen sich aus dem Haushaltsplan ergeben.

(2) Außer zur Verteidigung dürfen die Streitkräfte nur eingesetzt werden, soweit dieses Grundgesetz es ausdrücklich zuläßt.

Vorläufig läßt das Grundgesetz also noch nicht zu, daß Bundeswehr-Tornados Demonstranten aufklären oder Eurofighter Zivilflugzeuge abschießen, die unter dem Verdacht stehen, als Werkzeuge von Terroristen mißbraucht zu werden. Sandsäcke bei Überschwemmungen schleppen darf die Bundeswehr hingegen, wenn die Länder sie anfordert.

(3) Die Streitkräfte haben im Verteidigungsfalle und im Spannungsfalle die Befugnis, zivile Objekte zu schützen und Aufgaben der Verkehrsregelung wahrzunehmen, soweit dies zur Erfüllung ihres Verteidigungsauftrages erforderlich ist. Außerdem kann den Streitkräften im Verteidigungsfalle und im Spannungsfalle der Schutz ziviler Objekte auch zur Unterstützung polizeilicher Maßnahmen übertragen werden; die Streitkräfte wirken dabei mit den zuständigen Behörden zusammen.

Im Verteidigungsfall und auch schon im Spannungsfall darf die Bundeswehr nicht nur zivile Objekte schützen, sondern sogar bei polizeilichen Maßnahmen mitwirken oder diese eigenständig durchführen.

Mit anderen Worten: Sobald der Spannungsfall ausgerufen wird, darf die Bundeswehr im Innern eingesetzt werden. Aber erst dann, nicht schon, wenn ein Bundesminister das als spannend empfindet.

(4) Zur Abwehr einer drohenden Gefahr für den Bestand oder die freiheitliche demokratische Grundordnung des Bundes oder eines Landes kann die Bundesregierung, wenn die Voraussetzungen des Artikels 91 Absatz 2 vorliegen und die Polizeikräfte sowie der Bundesgrenzschutz nicht ausreichen, Streitkräfte zur Unterstützung der Polizei und des Bundesgrenzschutzes beim Schutz von zivilen Objekten und bei der Bekämpfung organisierter und militärisch bewaffneter Aufständischer einsetzen. Der Einsatz von Streitkräften ist einzustellen, wenn der Bundestag oder der Bundesrat es verlangen.

Anders formuliert: die Bundeswehr darf im Bürgerkrieg eingesetzt werden und einen bewaffneten Aufruhr niederschlagen. Wobei man bei der Auslegung von „organisiert" und „militärisch bewaffnet" bestimmt großzügig entscheiden wird. Schließlich bemüht man sich aktuell (September 2007) darum, die „Bildung einer terroristischen Vereinigung" schon bei einer einzigen Person beginnen zu lassen. Und da die Bundeswehr nicht nur Kampfpanzer besitzt, sondern auch Pistolen, ist jeder Kleinkriminelle mit Schußwaffe bereits „militärisch" bewaffnet.

Sollte also die Bundesregierung befürchten, daß die Bevölkerung aus irgendeinem Grunde danach trachtet, die sonst so beliebten Damen und Herren am nächsten Laternenpfahl aufzuknüpfen, dann dürfen die Wehrpflichtigen Leib, Leben, Besitz und Pfründen unserer Politiker verteidigen. Oder verstehen Sie etwas anderes unter „freiheitlicher demokratischer Grundordnung"?

Der Verweis auf den Artikel 91 Absatz 2 bedeutet, daß auch Landesregierungen bei Bedarf mit Panzern beschützt werden.

Während über den Verteidigungsfall nach Artikel 115a Absatz 1 noch gemeinsam von Bundestag und Bundesrat entschieden wird, darf den Spannungsfall nach Artikel 80a Absatz 1 der Bundestag allein feststellen, allerdings mit Zweidrittel-Mehrheit. Wenn der Bundestag verhindert ist, weil die aufmüpfigen Bürger schon die ersten Dienstwagen anzünden, reicht aber auch der gemeinsame Ausschuß aus Bundestag und Bundesrat (Artikel 115a Absatz 2):

(2) Erfordert die Lage unabweisbar ein sofortiges Handeln und stehen einem rechtzeitigen Zusammentritt des Bundestages unüberwindliche Hindernisse entgegen oder ist er nicht beschlußfähig, so trifft der Gemeinsame Ausschuß diese Feststellung mit einer Mehrheit von zwei Dritteln der abgegebenen Stimmen, mindestens der Mehrheit seiner Mitglieder.

Gut, der Artikel spricht vom Verteidigungsfall, aber der Spannungsfall erfolgt analog. Den Verteidigungsfall soll der Bundespräsident dann ganz bürokratisch im Bundesgesetzblatt verkünden. Geht das nicht, so soll es bei Gelegenheit nachgeholt werden.

Sollten jedoch die bösen Russen (oder die lieben Franzosen, Polen usw.) keine Rücksicht auf das korrekte Verfahren nehmen, so geht es ein wenig schneller:

(4) Wird das Bundesgebiet mit Waffengewalt angegriffen und sind die zuständigen Bundesorgane außerstande, sofort die Feststellung nach Absatz 1 Satz 1 zu treffen, so gilt diese Feststellung als getroffen und als zu dem Zeitpunkt verkündet, in dem der Angriff begonnen hat. Der Bundespräsident gibt diesen Zeitpunkt bekannt, sobald die Umstände es zulassen.

Gemäß Artikel 115b können wir jedoch nur hoffen und beten:

Mit der Verkündung des Verteidigungsfalles geht die Befehls- und Kommandogewalt über die Streitkräfte auf den Bundeskanzler über.

Wir hatten schon einmal einen Kanzler, der sich als größter Feldherr aller Zeiten empfunden hat und meinte, allen Generälen in ihr erlerntes Handwerk hineinreden zu müssen.

Artikel 115c regelt, welche Machtfülle der Bund im Verteidigungsfall bekommt. Er kann jetzt mittels Gesetzen in alle Länderbelange hineinregieren, er kann Enteignungen mit einer vorläufig festgesetzten Entschädigung vornehmen und die Polizei darf sich bis zu vier Tagen Zeit lassen, bevor der Haftrichter entscheiden muß. Außerdem darf der Bund die Verwaltung und das Finanzwesen anders regeln.

Der vierte Absatz läßt sogar einen Vorgriff auf den Verteidigungsfall zu, bei dem die konkurrierende Gesetzgebung ausgedehnt wird und Enteignungen vorgenommen werden dürfen – wobei nicht näher spezifiziert ist, wie imminent der Verteidigungsfall bevorstehen muß.

In Artikel 115e wird im ersten Absatz der gemeinsame Ausschuß als Notparlament eingesetzt, der zweite Absatz schränkt seine Befugnisse jedoch ein wenig ein. Das Notparlament darf nicht das Grundgesetz ändern, keine Hoheitsrechte an andere Länder übertragen und auch nicht das Bundesgebiet neu gliedern. Das übernehmen bei Bedarf die Siegermächte, wie nach 1945.

Auch vom Bundesverfassungsgericht muß das Notparlament nach Artikel 115g die Finger lassen.

Der Artikel 115h sorgt für eine Verlängerung der Wahlperioden:

(1) Während des Verteidigungsfalles ablaufende Wahlperioden des Bundestages oder der Volksvertretungen der Länder enden sechs Monate nach Beendigung des Verteidigungsfalles. (...)

Das heißt, wir beenden einen Krieg mit jenen Politikern, mit denen wir ihn begonnen haben. Soweit sie überleben. Nach Absatz 2 darf das Notparlament einen neuen Bundeskanzler wählen oder den amtierenden mit Zweidrittelmehrheit ablösen. Absatz 3 verhindert die Auflösung des Bundestages.

Der Frieden bricht schließlich in Artikel 115l aus. In Absatz 2 wird der Verteidigungsfall durch Bundestag und Bundesrat beendet, und das unverzüglich, wenn die Voraussetzungen nicht mehr gegeben sind. Über den Friedensschluß entscheidet nach Absatz 3 ein Bundesgesetz.

Nachkriegswehen

Der Abschnitt XI, der dank des Abschnitts IVa über den gemeinsamen Ausschuß und des Abschnitts Xa über den Verteidigungsfall der dreizehnte und letzte Abschnitt des Grundgesetzes ist, befaßt sich mit Übergangs- und Schlußbestimmungen. Hier finden sich die Nachkriegswehen des zweiten Weltkrieges. Manche Bestimmungen sind durchaus aktuell, andere ein Nachklang der Vergangenheit.

Wenn Sie sich schon immer gefragt haben, ob Sie wirklich Deutscher sind, lesen Sie im Artikel 116 Absatz 1 nach:

(1) Deutscher im Sinne dieses Grundgesetzes ist vorbehaltlich anderweitiger gesetzlicher Regelung, wer die deutsche Staatsangehörigkeit besitzt oder als Flüchtling oder Vertriebener deutscher Volkszugehörigkeit oder als dessen Ehegatte oder Abkömmling in dem Gebiete des Deutschen Reiches nach dem Stande vom 31. Dezember 1937 Aufnahme gefunden hat.

Deutscher ist also derjenige, der ohnehin die deutsche Staatsangehörigkeit besitzt, oder „Volksdeutscher" bzw. dessen Ehegatte ins Gebiet des Deutschen Reiches gezogen ist. Wobei hierzu natürlich auch noch Westpreußen, Pommern, Schlesien und Ostpreußen gehören, also die deutschen Ostgebiete, die heute Polen und Rußland als ihr Staatsgebiet betrachten.

Ausgebürgerte Staatsangehörige, denen das dritte Reich die Staatsangehörigkeit entzogen hat, bekommen diese nach Absatz 2 wieder, sofern sie das überhaupt noch wollen. Das heißt, wer beispielsweise 1937 mit dem Segen des Reiches nach Palästina ausgewandert ist und damit nicht mehr Deutscher war, darf auch 2007 noch zurückkehren und ist wieder deutscher Staatsbürger.

Im Artikel 117 wird erklärt, daß Gesetze, die der Gleichberechtigung von Mann und Frau entgegenstehen, erst einmal in Kraft bleiben, aber nur bis zum 31. März 1953. Auch die Freizügigkeit wurde hier eingeschränkt, bis die „gegenwärtige" Raumnot beendet war.

Wie relevant diese alten Bestimmungen heute noch sind, ersieht man aus dem Artikel 118, der die Neugliederung der Länder Baden, Württemberg-Baden und Württemberg-Hohenzollern in die Hände dieser Länder legte. Dasselbe tut Artikel 118a mit den Ländern Berlin und Brandenburg, die noch immer nicht zusammengefunden haben.

Aber keine Sorge, ich hechele jetzt nicht alle Artikel durch, damit können sich Staatsrechtshistoriker befassen. Aber zwei nette Regelungen möchte ich doch noch anführen.

Was heutigen Beamten blühen könnte, steht in Artikel 132, Absatz 1:

(1) Beamte und Richter, die im Zeitpunkte des Inkrafttretens dieses Grundgesetzes auf Lebenszeit angestellt sind, können binnen sechs Monaten nach dem ersten Zusammentritt des Bundestages in den Ruhestand oder Wartestand oder in ein Amt mit niedrigerem Diensteinkommen versetzt werden, wenn ihnen die persönliche oder fachliche Eignung für ihr Amt fehlt. Auf Angestellte, die in einem unkündbaren Dienstverhältnis stehen, findet diese Vorschrift entsprechende Anwendung. Bei Angestellten, deren Dienstverhältnis kündbar ist, können über die tarifmäßige Regelung hinausgehende Kündigungsfristen innerhalb der gleichen Frist aufgehoben werden.

„Fachlich oder persönlich nicht geeignet“ waren damals hauptsächlich politisch belastete ehemalige Parteimitglieder, wobei das natürlich eine ganz bestimmte, heute nicht mehr existierende Partei betrifft.

Ehemalige SED- oder FDJ-Funktionäre hingegen wurden nicht mit einem Artikel 132a bedacht, gegen diese Partei hatte das Grundgesetz nichts einzuwenden. Deshalb konnte eine hochrangige FDJ-Funktionärin, die linientreu genug war, um zum DDR-Reisekader zu gehören, Bundeskanzlerin werden.

Man stelle sich einmal vor, wenn herauskäme, ein gleichrangiger HJ-Führer wäre Mitglied einer Bundesregierung gewesen. Diktatur ist demnach nicht gleich Diktatur, die eine ist abgrundtief böse, die andere hat eben nur läßliche Sünden begangen.

Daß hier genau eine Partei gemeint ist, erklärt der Absatz 2:

(2) Diese Bestimmung findet keine Anwendung auf Angehörige des öffentlichen Dienstes, die von den Vorschriften über die "Befreiung vom Nationalsozialismus und Militarismus" nicht betroffen oder die anerkannte Verfolgte des Nationalsozialismus sind, sofern nicht ein wichtiger Grund in ihrer Person vorliegt.

Wer also nachweislich kein Nationalsozialist gewesen war, mußte um Amt und Würden nicht fürchten. Immerhin erlaubt der dritte Absatz den Rechtsweg und der vierte stellt die Regelung einer Verordnung der Bundesregierung anheim.

Eine wunderbare und nie angewandte Vorschrift findet sich in Artikel 137 Absatz 1:

(1) Die Wählbarkeit von Beamten, Angestellten des öffentlichen Dienstes, Berufssoldaten, freiwilligen Soldaten auf Zeit und Richtern im Bund, in den Ländern und den Gemeinden kann gesetzlich beschränkt werden.

„Heute ist das Parlament mal voller und mal leerer, aber immer voller Lehrer." Ich weiß nicht mehr, wo ich dieses schöne Wortspiel gefunden habe, aber es schildert deutlich die heutigen Zustände. Man bekommt gelegentlich das Gefühl, daß heute nur noch in den Schulen unterrichtet, wer es bis jetzt nicht geschafft hat, ein politisches Amt zu ergattern.

In guter Näherung sitzen in jedem bundesdeutschen Parlament zur Hälfte Beamte. Arbeitnehmer sind hingegen wahre Exoten, höchstens in Gemeinderäten sitzen sie in Fraktionsstärke.

Dabei haben die Väter des Grundgesetzes einstmals ernsthaft darüber nachgedacht, Angehörige der Exekutive – also Beamte – davon abzuhalten, in die Legislative zu wechseln. Aber das ist längst Geschichte. Heute erlassen Beamte Gesetze, die andere Beamte ausführen. Und die Beamten mit Parlamentssitz haben immer großes Verständnis für Beamte ohne Parlamentssitz.

Wundern Sie sich jetzt noch, wieso in Deutschland keine Bürokratiereform zustande kommt?

Nachlese

Unsere gemeinsame Wanderung durch das Grundgesetz ist jetzt zu Ende. Ich kann nur hoffen, daß ich Ihnen einige schöne Aussichtspunkte gezeigt habe, um Sehenswürdigkeiten und Kuriositäten zu betrachten.

Das Grundgesetz, unser bundesrepublikanischer Verfassungsersatz, ist zum einen das nationale Heiligtum der Gesetzgebungskunst, zum anderen aber auch schnödes Menschenwerk, geschaffen von Menschen, die in ihrer Gedankenwelt so beschränkt und eigensinnig waren und sind, wie jeder von uns.

Das Grundgesetz ist in Form gegossenes und fortdauerndes Besatzungsrecht, das aus einer früheren deutschen Verfassung auf Wunsch der Siegermächte geformt wurde. Die ehemals 146 Artikel sind um 34 weitere Artikel ergänzt worden, ein einziger wurde aufgehoben. Manche Artikel sehen heute ganz anders aus, als bei ihrer ersten Formulierung. So ist dieses Grundgesetz auch ein Abbild deutscher Nachkriegsentwicklung.

Das Grundgesetz ist eine Artikelsammlung, die jeder irgendwie kennt, auf die sich jeder gerne beruft – und die doch kaum ein Nichtjurist einmal in die Hand nimmt. Selbst Juristen haben damit wenig zu tun, nach ihrem Pflichtschein im Staatsrecht.

Die größte Überraschung, die ich gefunden habe, stand im Artikel 79, wo offen vom Abbau einer besatzungsrechtlichen Ordnung gesprochen wird. (Siehe Seite 41)

Ein Land mit einem Grundgesetz ist nicht frei und nicht souverän. Womöglich übernehmen deshalb unsere Politiker so willfährig alle Vorgaben der EU, einschließlich des ungeliebten Euros und der vom Volk ungewollten EU-Verfassung.

Vielleicht ist das vereinte Europa die einzige Möglichkeit, das zu beenden, was die Bundesrepublik des vereinten Deutschlands noch immer ist:

Die Organisationsform einer Modalität der Fremdbeherrschung.

Sie wollen mehr?

Betrüger
Republik
Deutschland

Michael Winkler

Informationen für
- Mitbürger
- Steuerzahler
- Wahlberechtigte

Erschienen April 2007

112 Seiten,
23 Kapitel

ISBN
9-783833-496639

8,90 Euro

In Ihrer Buchhandlung

Wir leben in einer freiheitlich-demokratischen Grundordnung, im liberalsten Staat, der je auf deutschem Boden existiert hat. Unsere Gesellschaft ist offen und pluralistisch. Der Staat garantiert unsere Grundrechte, wie Meinungsfreiheit, Unverletzlichkeit der Wohnung, Recht auf Leben und Recht auf Eigentum. Der Staat garantiert Chancengleichheit und sorgt für die Gleichheit der Lebensverhältnisse. Um diese Aufgaben zu erfüllen, erhebt der Staat Steuern, die zum Nutzen unseres Volkes ausgegeben werden.

Wenn Sie bisher bei jedem Satz zustimmend genickt haben, dann ist dieses Buch nichts für Sie. Stellen Sie es zurück und leben Sie lange und in Frieden in Ihrer hoffentlich heil bleibenden Besten aller Welten.

Zwischen Anspruch und Wirklichkeit im deutschen Staat liegen Welten. Dies ist auch dem scheinbar unbedarftesten Politiker bekannt. Die Handlungen unserer Politiker mögen unsinnig, ja idiotisch erscheinen, aber Politiker sind weder dumm noch unwissend.

Ganz im Gegenteil, die Politiker wissen genau, was sie tun, und sie tun das mit voller Absicht. Sie stellen wissentlich die Tatsachen falsch dar und erlangen dadurch Vorteile zum Schaden der Betroffenen, also uns Bürgern. Das Strafrecht kennt dafür einen eindeutigen Begriff:

Betrug!

Sparen

wo's keinem weh tut

Ein Buch über Deutschland
von
Michael Winkler

Erschienen
Januar 2005

100 Seiten,
21 Kapitel mit
Sparvorschlägen
für unser Land

ISBN
9-783833-424731

5,95 Euro

In Ihrer
Buchhandlung

Finanzschwachen Leuten viel Geld wegzunehmen, ist Regierungskunst. Finanzstarken Leuten ein wenig Geld wegzunehmen hingegen Blasphemie. Unter jenem Wort verstand man früher nur die Gotteslästerung. Heute hat sich die Bedeutung ein wenig gewandelt, denn nachdem man in Deutschland 1918 die Majestäten abgeschafft hatte, fiel auch der alte Tatbestand der Majestätsbeleidigung weg. Wird heute die Obrigkeit beleidigt, und sei es auch nur durch kreative Vorschläge, dann ist das keine Majestätsbeleidigung mehr, denn diese ist ein für allemal abgeschafft. Heute nennt man das einfach Blasphemie.

Das Buch behandelt in kurzen Kapiteln folgende Themen: Staatspensionen, Abgeordnete, Verlagerung von Arbeitsplätzen, Bürokratie, Werbung, Fernsehen, Gold der Bundesbank, Sport, Regierung, Jugendwahn, Demokratie, Vollkasko-Manager, Kinder, Zinsen und die finale Staatsentschuldung.

Noch mehr finden Sie im Internet:

http://www.michaelwinkler.de